VENCER É SER VOCÊ

CARO LEITOR,

Queremos saber sua opinião sobre nossos livros.

Após sua leitura, acesse nosso site (www.editoragente.com.br), cadastre-se e contribua com sugestões, críticas ou elogios.

Boa leitura!

EDUARDO FERRAZ

VENCER É SER VOCÊ

Entenda

POR QUE A GENTE É DO JEITO QUE A GENTE É

para progredir na carreira e nos negócios

Gente editora

Gerente Editorial
Alessandra J. Gelman Ruiz

Editora de Produção Editorial
Rosângela de Araujo Pinheiro Barbosa

Controle de Produção
Elaine Cristina Ferreira de Lima

Preparação
Bárbara Borges

Editoração
Join Bureau

Revisão
Bete Abreu

Capa
Miriam Lerner

Foto de capa
iStockphoto/DSGpro

Impressão
Vida & Consciência

Rua Pedro Soares de Almeida, 114
São Paulo, SP – CEP 05029-030
Telefone: (11) 3670-2500
Site: http://www.editoragente.com.br
E-mail: gente@editoragente.com.br

Dados Internacionais de Catalogação na Publicação (CIP)
(Câmara Brasileira do Livro, SP, Brasil)

Ferraz, Eduardo
Vencer é ser você: entenda por que a gente é do jeito que a gente é para progredir na carreira e nos negócios / Eduardo Ferraz – São Paulo : Editora Gente, 2012.

Bibliografia
ISBN 978-85-7312-780-5

1. Carreira profissional – Desenvolvimento 2. Conduta de vida 3. Mercado de trabalho 4. Mudança organizacional 5. Objetivo (Psicologia) 6. Planejamento 7. Realização profissional 8. Sucesso em negócios I. Título.

12-01972 CDD-650.14

Índices para catálogo sistemático:
1. Carreira profissional: Desenvolvimento: Administração 650.14

AGRADECIMENTOS

Especialmente à minha esposa Márcia, que, além de me incentivar durante anos para escrever este livro, teve mérito especial para amenizar meus exageros, sugerir ajustes importantes e, também, teve paciência para relevar minhas "excentricidades", que aumentaram nos meses de execução desta obra.

Aos jornalistas Sonia Marques e Everson Mizga, que participaram de todo o projeto da primeira edição deste livro.

A Alessandra Ruiz, que com bom senso, profissionalismo e assertividade contribuiu bastante nesta nova edição. A Ricardo Shinyashiki e a Rosely Boschini, que entusiasticamente me incentivaram a preparar esta nova versão.

Finalmente, aos meus amigos, clientes, professores, empresários e consultores que com seus conselhos e críticas evitaram que eu cometesse alguns equívocos e me inspiraram melhorias significativas no conteúdo: Altemir Farinhas, Anna Carolina Jordan, Arlete Ferrari Santos, Ary Nogueira da Silva, Carlos Barbosa, Celso Kossaka, César Mylla, Flávio Ferraz, Frank Zietolie,

Gerônimo Machado, Gilberto Schiavinato, Gustavo Brandelli, José Paulo Furtado, Líbia Frota, Lourdes Corcetti, Luís Gustavo Ferraz, Marcelo Rossi, Maria Fernanda Marques, Nédio Braido, Nei Batista da Silva, Paulo Machado, Pedro Mandelli, Pedro Ronzelli Júnior, Ronaldo Marcolin, Samuel Ramos Lago, Túlio Zanchet e Yves Schaetzle.

A todos meu muito obrigado.

SUMÁRIO

PREFÁCIO

Nos últimos vinte anos, reaprendemos a lidar com todas as variáveis de nossa vida pessoal e nossas perspectivas profissionais. A família, a escola, a formação militar obrigatória, as responsabilidades assumidas na vida desde cedo nos faziam adquirir uma fundamentação de respeito, responsabilidade e disciplina que nos acompanhava pela vida toda.

Com as mudanças dessas instituições e as novas regras dos negócios, sentimo-nos desarmados para enfrentar de maneira pensada e não casuística os desafios que nos são apresentados.

Estudar, acompanhar e insistentemente procurar intervir nessa nova formação tem sido a obstinação do Eduardo, seja como professor, instrutor, consultor, seja como conselheiro de empresas. Tenho pessoalmente participado de várias de suas iniciativas, sempre corajosas e até, às vezes, com excesso de realidade, procurando chamar a atenção das pessoas para esse novo contexto.

Esta obra analisa várias teorias e as coloca de uma forma ordenada, conferindo certa lógica ao autoconhecimento. Deve ser lida por todas as pessoas que precisem ou queiram conhecer os fundamentos de uma análise sobre seu próprio "jeitão", sua forma de ser, e por meio dessa compreensão ajustar-se ao mundo atual e a suas perspectivas.

É uma obra corajosa a ponto de evidenciar as experiências do autor no assunto; é audaciosa ao tentar ordenar o conhecimento sobre o tema; é simples e objetiva na análise de conceito a conceito. Coincidência ou não, esta é a personalidade do autor: sua obra tem a sua "cara".

Para finalizar, quero deixar registrada minha satisfação e minha honra em prefaciar este esforço, esta obstinação, pois conheço realmente as legítimas intenções deste trabalho e de onde partiu. Um grande abraço e parabéns por sua coragem de registrar opiniões isentas.

Com muita admiração e respeito,

Pedro Mandelli
Consultor de empresas e professor da Fundação Dom Cabral (FDC) nas áreas de modelos de organização, processos de mudança, liderança e desenvolvimento de pessoas, tanto nos programas nacionais como nos internacionais junto ao Instituto Europeu de Administração (Insead), França, e à Fundação W. K. Kellogg dos Estados Unidos.

INTRODUÇÃO

Nos últimos anos, mais que uma preocupação, tenho observado enorme angústia nas pessoas por quererem saber como são vistas pelos outros. Como precisam de referências, acabam se comparando com colegas da empresa, com seus chefes, com seus companheiros de escola e, principalmente, com exemplos de sucesso que todos os dias aparecem em revistas, na televisão, em jornais, em livros e na internet.

E as pessoas se perguntam (e muitas vezes perguntam a mim): "Por que fulano, com idade e formação semelhantes às minhas, está tão mais bem posicionado profissionalmente?"; "Por que meus amigos são bem-sucedidos e eu fico estacionado?"; "O que tenho feito de errado?"; "Por que as coisas parecem dar certo para os outros e nunca para mim?".

O problema muitas vezes consiste em esperarmos que pessoas com personalidades completamente diferentes obtenham resultados parecidos. Isso não faz o menor sentido!

Essa inquietação acaba tendo reflexos no mundo corporativo, tanto para os subordinados, que ocupam funções em todos os escalões das empresas, como para os líderes, que precisam construir e manter equipes motivadas e produtivas.

Apesar de estarem aparentemente em lados opostos, líderes e liderados sofrem as consequências do mesmo grave problema: nem sempre as pessoas certas estão nos lugares certos. Isso gera inúmeros transtornos no dia a dia corporativo e na vida de muita gente, já que indivíduos infelizes no trabalho tendem a sentir os efeitos negativos também em suas questões pessoais. A pergunta que surge é: "Como e por que bons profissionais vão parar 'no lugar errado'?".

Eu digo que é basicamente pelo mesmo motivo que faz tanta gente infeliz também em seu cotidiano: as pessoas em geral têm baixo autoconhecimento! Ou seja, não conseguem identificar quais são suas reais capacidades, limitações e possibilidades de mudança. Quem se conhece pouco tem dificuldade para se posicionar onde produziria mais.

É grande o prejuízo das empresas que não conseguem selecionar profissionais com perfis adequados para cada função e uma enorme frustração para quem fica mudando de emprego a toda hora. A empresa contrata errado, o contratado fica infeliz – ele também não sabe a razão –, vai para outra empresa sem estar preparado e o círculo vicioso se repete indefinidamente.

Isso acaba gerando promoções equivocadas, planos de carreira ineficazes, dificuldades na profissionalização de empresas, erros no recrutamento, conflitos em situações de sucessão etc. Enfim, perda de tempo, energia, dinheiro e um grande transtorno para todos os envolvidos.

Qualquer pessoa precisa se conhecer bem para melhor escolher sua profissão, bem como aproveitar as oportunidades que surgem, tanto de cargos como de novos desafios. Os gestores, além disso, precisam incansavelmente identificar em seus colaboradores quais são seus principais talentos para poder alocá-los nos lugares certos. O processo de contratação, treinamento e promoção fica difícil quando não se conhece como as pessoas funcionam de verdade. Compreender o que nos motiva em meio a estilos tão diferentes de vida é um grande desafio.

Entender e resolver esses desafios tem sido a principal missão em minha carreira e por isso resolvi escrever este livro. Nestas páginas, apresento ferramentas úteis para seu autoconhecimento e para você compreender melhor como funcionam as pessoas com as quais precisa lidar todos os dias no trabalho e na vida pessoal.

Procurei utilizar uma linguagem acessível, mas com embasamento científico consistente. Uso principalmente conceitos da Neurociência Comportamental, Psicologia, Neurologia e Biologia Evolutiva, citando especialistas consagrados; porém, a ordenação, o estilo, a amarração e, principalmente, a interpretação disso tudo é de minha inteira responsabilidade, fruto de muito estudo e muita experiência prática. A metodologia que desenvolvi é um resumo do que tenho aplicado durante mais de vinte anos e cerca de trinta mil horas de prática deliberada na gestão das pessoas em minhas consultorias, treinamentos e palestras em empresas por todo o Brasil.

Para ajudá-lo a compreender melhor que *vencer é ser você*, vou mostrar pesquisas, contar histórias, repetir assuntos de diferentes formas, propor testes, abordar desafios que são comuns em muitas empresas, buscar diminuir resistências a novos temas e procurar transmitir os conceitos com uma abordagem prática e objetiva, facilmente aplicável ao seu cotidiano.

Você verá que ao compreender melhor como funciona a personalidade humana ficará mais fácil e claro como melhorar o que você já tem de bom e decidir até que ponto vale a pena modificar o que não lhe é favorável. Entenderá, ainda, por que cada pessoa demonstra tanta facilidade em atuar em determinadas áreas e sofre tanto para fazer coisas em outras atividades.

Saberá, enfim, o que é preciso para atingir a excelência profissional, respeitando seu jeito único de ser.

CAPÍTULO 1
A FORÇA DOS INSTINTOS

Agindo como nossos ancestrais

Para começar a compreender por que a gente é do jeito que a gente é, precisamos primeiro entender como nosso cérebro funciona, e como foi formada nossa estrutura mental ao longo de toda a evolução aqui no planeta Terra.

Nossa espécie foi exposta, durante os últimos cinco milhões de anos, a várias experiências que nos deixaram fortíssimas marcas físicas e mentais que, por muitas gerações, continuarão geneticamente impressas. Muitas dessas características ainda se manifestam em forma de pensamentos, comportamentos e ações semelhantes àquelas que tinham nossos ancestrais.

Como somos seres civilizados, por vezes nos esquecemos de nossa origem animal. Segundo a teoria da evolução proposta por Charles Darwin, que ainda vem sendo aprimorada por vários cientistas, os seres humanos descendem de um ancestral que também deu origem aos outros primatas. Muitos conhecem bem isso, mas poucos se dão conta das implicações psicológicas desse fato para os humanos.

O primatólogo Frans de Waal afirma que o *Homo sapiens* parece, se move, respira, tem a fisiologia e também uma mente parecida com a dos primatas e que "inconscientemente exibimos expressões faciais e comportamentos sociais em muitos casos idênticos ao de chimpanzés".

Assim como os humanos, chimpanzés lutam pela liderança, conspiram em busca de apoio, montam complôs, têm inveja, sentem medo e são egoístas. Você deve estar reconhecendo a semelhança.

Estudando o DNA de grandes primatas, muitos pesquisadores, entre eles André Langaney, estimam que entre cinco e sete milhões de anos atrás um grupo de animais da mesma espécie se dividiu e deu origem a três grandes linhagens: os gorilas, os chimpanzés e os humanos. Uma das conclusões é de que o código genético dos humanos é 98,5% idêntico ao dos chimpanzés. A quase totalidade de nosso DNA (999 letras em mil) se hibridiza com o DNA de um chimpanzé, provando que as duas espécies são muito próximas e, portanto, têm uma origem comum. O processo de seleção natural, que culminou nos humanos atuais, foi tremendamente complexo, lento, desgastante e persistiu por mais de duzentas mil gerações.

Vou resumir essa epopeia deixando de fora detalhes que poderão ser lidos nas obras sugeridas nas Referências Bibliográficas.

Os primeiros pré-humanos, que se diferenciaram desse ancestral comum, tiveram origem na África oriental: o *Australopithecus africanus* (cerca de cinco milhões de anos), o *Australopithecus afarensis* (cerca de três milhões de anos) e o *Homo erectus* (cerca de um milhão e meio de anos). Finalmente, entre 150 mil e 200 mil anos atrás, a evolução gerou nossa atual espécie, o *Homo sapiens*. Essa versão semiacabada do ser humano ainda tinha o cérebro um pouco menor que o atual, mas já dominava o fogo e fabricava ferramentas de pedras polidas e afiadas.

As marcas da evolução

A configuração física e mental do ser humano atual começou seu último estágio há cerca de 50 mil anos "apenas". Os dados arqueológicos mostram que nessa época nossos ancestrais viviam em bandos de vinte a trinta indivíduos. Eram caçadores-coletores, deslocavam-se o tempo todo e tinham pouquíssimos filhos porque era difícil alimentá-los.

Conviviam em ambientes extremamente perigosos, enfrentavam escassez de alimentos, clima gelado, predadores ferozes e, para completar o drama, tinham menos força física, menor velocidade, dentes pequenos, olfato rudimentar e visão limitada quando comparados aos predadores e aos grandes herbívoros. Tampouco voavam ou respiravam debaixo da água. Seus filhotes demoravam anos para se virarem sozinhos, enquanto um filhote de zebra ficava independente em semanas e um leãozinho, em meses. Que vidinha difícil esse pessoal levava!

Ainda assim, com todas essas desvantagens, o ser humano conquistou um feito que nenhuma outra espécie de grande porte jamais conseguiu. Adaptou-se a todos os ambientes do planeta: desertos, geleiras, montanhas, florestas e savanas. Dominou o mundo por causa de um grande diferencial: o aumento e o desenvolvimento do cérebro.

Há cerca de 50 mil anos, por exemplo, começaram a aparecer trabalhos manuais mais elaborados: pinturas rupestres, colares de conchas, anzóis feitos de ossos e até vestimentas produzidas a partir do couro de animais.

Nessa época o ser humano provavelmente desenvolveu a habilidade de se comunicar verbalmente, e começava a ter uma constituição física e mental muito parecida com a que temos hoje. Usava melhor o cérebro, mas ainda agia como um animal.

A evolução se deu lentamente, com os humanos se espalhando pelos cinco continentes, mas ainda vivendo como nômades, em pequenos bandos, até que, finalmente por volta de 13 mil anos atrás, aconteceu um fato que mudou de forma espetacular seu estilo de vida. Terminou a última Era Glacial e começou o que os geólogos chamam de Era Recente.

A temperatura média do planeta subiu, as geleiras descongelaram-se, muitos solos ficaram mais férteis e a quantidade de alimento disponível aumentou. O homem deu início à agricultura rudimentar, espalhando e colhendo sementes de trigo e arroz. Os primeiros animais, como a cabra e o porco, começaram a ser domesticados. Nossos ainda pouquíssimos ancestrais começaram a se agrupar para viver em aldeias às margens de rios e lagos. Com a agricultura e a criação de animais, era possível ter mais filhos. Teve início a propriedade privada e, com ela, surgiram a luta pelo poder, os chefes, a burocracia, os níveis hierárquicos e o crescimento demográfico. Em suma, as bases da sociedade organizada. Ufa! Finalmente começamos a nos tornar civilizados!

O cientista Robert Winston compara nossa história no planeta com o comprimento de uma corda. Se os cinco milhões de anos de nossa jornada na Terra fossem uma corda de 100 metros (o comprimento de um campo de futebol), então:

- o início da agricultura e, portanto, das primeiras aldeias, há 13 mil anos, equivaleria a 20 centímetros (uma régua escolar).
- o início dos avanços tecnológicos, ou seja, os últimos 100 anos, equivaleriam a alguns milímetros (o tamanho da ponta de um lápis).

Como se vê, temos apenas cerca de 0,001% de nossa história como "gente minimamente civilizada". Portanto, em 99,99% dessa jornada, o ser humano foi um animal primitivo que, muitas vezes, esteve próximo da extinção. Isso significa que faz pouquíssimo tempo, em termos de evolução, que ficamos diferentes dos outros primatas. E é por isso que nosso cérebro e corpo reagem de maneira muito parecida com a dos animais.

Nos últimos vinte anos, tem-se estudado o DNA mitocondrial humano em todas as regiões habitadas do planeta, incluindo o dos povos primitivos da Amazônia, que ficaram isolados por séculos. Essas pesquisas mostraram que somos todos, rigorosamente, da mesma espécie. Não existem raças! Nosso código genético é tão parecido porque descendemos de um grupo de pouquíssimos indivíduos.

Entre 150 mil e 200 mil anos atrás, as pressões ambientais foram tão extremas que poucas centenas de indivíduos permaneceram vivos e, quando estavam muito próximos da extinção total, algo mudou. Esse pequeno grupo de ancestrais conseguiu reproduzir-se, espalhar-se e dominar o mundo. Somos, portanto, descendentes desses pouquíssimos sobreviventes pré-humanos.

Pensando rápido

Quando nossos antepassados trogloditas levavam um susto ou corriam perigo, a adrenalina acelerava seus batimentos cardíacos, exatamente como hoje ainda acontece com o homem moderno. O sangue fluía para as extremidades, e qualquer sensação de dor, fome ou cansaço desaparecia de imediato. Em segundos, ficavam física e mentalmente preparados para fugir ou lutar pela vida.

Foi assim por milhões de anos e, de certa maneira, é assim até hoje. Continuamos a ter as mesmas reações metabólicas e mentais que, no decorrer de 200 mil gerações, fizeram a diferença entre a extinção da espécie e o domínio do planeta. Assim como no passado distante, a evolução não programou o ser humano para avaliar o que as coisas são de fato, mas para sobreviver.

Quando uma sombra, assemelhando-se a um leão, aproximava-se, nosso ancestral certamente corria. Naquela época, provavelmente ninguém se punha a filosofar sobre qual era a espécie do leão ou se o leão estava com fome. Os muito reflexivos acabavam devorados. Nesse contexto, sucesso significava interpretar rapidamente o ambiente para permanecer vivo. Para sobreviver, o homem obrigava-se a pensar no curtíssimo prazo e quase nunca a planejar.

Hoje, não temos mais de correr de leões ou matar mamutes. Entretanto, continua havendo uma constante tensão entre nossos instintos da época das cavernas e as necessidades da vida moderna. Vejamos algumas reações físicas e mentais que hoje não servem para nada, mas que continuamos experimentando:

- **Aumento exagerado dos batimentos cardíacos** – Antes de uma entrevista de emprego, ou quando somos criticados, sentimos nosso coração acelerar. Temos essa reação porque antecipamos uma situação crítica, como aquela que enfrentávamos na savana diante de um desafio.

- **Suor frio** – Podemos transpirar intensamente antes de uma reunião importante ou de uma competição esportiva, e essa também é uma reação semelhante a ter de lidar com uma dificuldade iminente, assim como faziam nossos antepassados.

- **Estado de alerta imediato** – Quando ouvimos à noite um barulho inesperado, nossos sentidos se aguçam preparando o corpo para fugir ou lutar, como acontecia quando estávamos diante de animais agressivos.

- **Explosão de raiva** – No trânsito, temos rompantes de raiva, e por vezes nossa reação é desproporcional, porém semelhante àquelas com que nos deparávamos quando nos sentíamos ameaçados por inimigos que lutavam por alimento, reprodução ou território.

- **Excitação sexual** – É normal passarmos por situações de excitação sexual embaraçosa. Isso vem do fato de que tínhamos poucas oportunidades de nos reproduzir. Precisávamos aproveitá-las o mais rápido possível e, para isso, tínhamos de estar "a postos".

- **Comer exageradamente** – Nossos ancestrais primitivos lutavam muito para conseguir alimento e precisavam comer rápido e a maior quantidade possível. Ainda temos a mesma reação hoje, mesmo que não tenhamos mais problemas para conseguir alimento.

Atualmente, nenhuma dessas reações salvaria nossas vidas, mas continuamos a experimentá-las, querendo ou não. Instintos são comportamentos que não são resultado do aprendizado nesta geração, mas da evolução da espécie. A verdade é que o corpo do ser humano moderno reage instintivamente como reagia há milhares de anos, e esses instintos continuam muito fortes.

A neurocientista Jill Taylor explica que as "camadas mais profundas do córtex cerebral constituem as células do sistema límbico. São essas células que o homem tem em comum com outros mamíferos e, em especial, com seus antepassados pré-humanos. É a área do cérebro chamada de reptiliana ou cérebro emocional".

O interessante é que nosso sistema límbico funciona durante a vida inteira, mas nunca amadurece. Quando nossos "botões emocionais" são pressionados em situações que ativam os instintos, agimos da mesma forma que nossos ancestrais das cavernas ao tomar um grande susto. Essas reações foram impressas há milhares de anos e certamente ainda permanecerão por muitas gerações.

O Projeto Genoma, concluído em 2001, mostrou que o código genético humano tem uma lista de mais de 3 bilhões de letras em diferentes combinações, e nesse código está a receita para o desenvolvimento físico e mental de cada pessoa. De cada 10 mil letras de nosso genoma, apenas uma será diferente de um indivíduo para outro. Essas minúsculas diferenças respondem por grande parte da diversidade entre as pessoas, como altura, cor dos olhos, predisposição para algumas doenças, comportamentos e centenas de outras características.

Essa receita extremamente complexa demorou milhões de anos para ser "preparada" e, por mais que queiramos, será muito difícil alterar seus ingredientes no curto prazo de uma geração.

Carregamos uma bagagem genética que já vem pronta. É como se já nascêssemos com um "enxoval" que nos acompanhará pelo resto da vida. Não podemos jogar nenhuma dessas peças fora, mas podemos deixar de usar algumas, vestir outras com frequência, bem como combiná-las conforme nosso jeito de ser.

Na pré-história, o estresse ocorria em situações extremas. O estresse atual virou estilo de vida. A competição por espaço profissional, a etiqueta social, a obcecada procura pelo acúmulo de bens, dentre outras necessidades, são relativamente recentes – menos de 13 mil anos –, e ainda estamos nos acostumando a elas. O grande desafio é conhecer melhor nossos instintos para, quando possível, usá-los a nosso favor.

Sob o ponto de vista da Psicologia e da Neurociência, veremos nos próximos capítulos: por que somos como somos; por que as pessoas têm personalidades tão diferentes se a origem é a mesma; o que é possível mudar em nossos instintos de trogloditas.

CAPÍTULO 2

A PSICOLOGIA NA GESTÃO DE PESSOAS E NEGÓCIOS

Há mais de cinquenta anos, a Psicologia é utilizada na área de gestão de pessoas e negócios, mas de forma localizada. No entanto, em 2002, pela primeira vez um psicólogo ganhou o Prêmio Nobel de Economia, e a partir de então esse tema passou a fazer parte do cotidiano das pessoas e das empresas. Pesquisas sobre a influência psicológica nos processos decisórios passaram a ganhar amplo destaque na mídia, e, dos últimos oito vencedores do Prêmio Nobel de Economia, três obtiveram essa distinção por atividades relacionadas ao tema.

Distorcendo a realidade

A tese do psicólogo Daniel Kahneman, ganhador do Prêmio Nobel de Economia em 2002, chamada de *prospect theory*, tem como base análises que realizou durante mais de trinta anos de experimentos.

Ele concluiu que as falhas e distorções nos processos decisórios são regra, não exceção, chegando a afirmar que decidir logicamente em situações que envolvam riscos é exceção. Geralmente, o ser humano se dá por satisfeito com avaliações superficiais, que vêm rapidamente à mente.

Uma das tendências mais fortes nas pessoas é a de exagerar os próprios talentos. A maioria acredita estar "acima da média", na cota de características e habilidades positivas. Em pesquisas realizadas com milhares de universitários, Kahneman obteve os seguintes resultados: 70% dos entrevistados disseram estar acima da média em relação aos colegas quanto à capacidade de liderança. Apenas 2% se julgaram abaixo da média. Ao avaliarem a própria capacidade de relacionar-se, 60% se consideraram entre os 10% melhores; e 25% se incluíram no patamar do 1% superior. Essas contas não fecham!

Geralmente, acreditamos que somos mais honestos, capazes, inteligentes, educados e corretos do que as pessoas que conhecemos. Atribuimo-nos maior responsabilidade pelos sucessos e assumimos menor responsabilidade pelas falhas. Ou seja: se algo deu certo, fui eu quem fez; se deu errado, a culpa é dos outros.

Esse tipo de análise, pouco rigorosa, repete-se em quase todas as circunstâncias que envolvam riscos. Portanto, reflete condicionamentos pré-programados na mente humana. Nossa baixíssima capacidade de agir de forma racional, quando estamos sob pressão, também vem de nossos ancestrais.

O ser humano é condicionado, instintivamente, a buscar emoções que vêm à mente com facilidade e toma decisões baseadas na satisfação imediata. O problema é que isso nos leva a tomar decisões precipitadas, o que normalmente resulta em péssimas consequências.

Razão ou emoção?

Essa superficialidade ao analisar o contexto também explica o "efeito manada": se a maioria está correndo para algum lugar – às vezes em direção ao precipício –, também vamos, sem analisar os motivos e as consequências. Fazemos isso ao prestar um vestibular sem convicção, ao contratar alguém sem checar referências, ao acreditar em boatos absurdos, ao julgar uma pessoa apenas pela aparência e assim por diante.

Essas ilusões nos levam a ver o mundo não como ele é, mas como gostaríamos que fosse. "Coragem" – afirma Kahneman – "é uma disposição para correr riscos, desde que se conheçam as probabilidades de sucesso". Excesso de confiança significa irresponsabilidade, não coragem.

Ele resume sua tese afirmando que o ser humano tem dois grandes sistemas de ação: o Sistema 1 e o Sistema 2.

Sistema 1: ação inconsciente – Quando se está nesse modo de ação, a tomada de decisão é rápida, sem esforço, instintiva e reforçada por emoções. As decisões são determinadas pelo hábito e, portanto, difíceis de serem controladas. A pessoa age como se estivesse ligada ao "piloto automático". Nesse modo de ação, os comportamentos tornam-se inconscientes, como os de nossos ancestrais, e quase sempre seguimos pelo caminho mais fácil, não pelo mais adequado. No Sistema 1, costumamos cometer graves erros de avaliação.

Sistema 2: ação consciente – Implica agir com base no raciocínio. O pensamento é consciente, deliberado e analítico. É mais lento e exige mais esforço, mas, em compensação, as decisões podem ser controladas e, como consequência, erra-se muito menos. O que diferencia um sistema do outro é o esforço envolvido.

O Sistema 1 faz sucesso: leiam tal livro e sejam felizes! Faça o curso X e mude sua vida! Muitas pessoas preferem atalhos ou fórmulas "mágicas", que prometam resultados sem esforço. A proposta mais fácil quase sempre leva vantagem sobre a mais realista. Colar nas provas dá resultados rápidos, mas as consequências ruins virão com o tempo. A utilização do Sistema 2 é mais trabalhosa, mas muito mais segura. Tudo que exige concentração, ou raciocínio mais elaborado, faz parte desse sistema.

Meu Sistema 1 é falar em público. Tenho facilidade em estudar coisas aparentemente complicadas, interpretá-las e transmiti-las verbalmente. Faço isso com naturalidade, desde que me entendo por gente. Preferia fazer provas orais (em meu tempo ainda havia isso) e sempre preferi ler e falar a escrever. Escrever é o meu Sistema 2. Penso mais rápido do que escrevo e, com isso, perco o fio da meada várias vezes, tendo de recomeçar a cada momento. Invariavelmente sofro para colocar no papel o que estou pensando, tendo de reescrever várias vezes um texto para lhe dar sentido. Para complicar, só consigo fazê-lo de forma lenta.

Conseguiria explicar todo o conteúdo deste livro em dois ou três dias de treinamento e sobrariam algumas horas para responder perguntas. Entretanto, para escrever esta obra gastei mais de seis meses trabalhando nela quase todos os dias. Escrever por uma hora me parece um desafio maior que enfrentar um auditório lotado. Contudo, colocar as ideias no papel me ajuda a pôr ordem e foco no trabalho.

Inconscientemente, usa-se o Sistema 1 na maior parte do tempo porque é ali que reside nossa zona de conforto mental. Se o Sistema 2 for usado um pouco mais, teremos grandes ganhos.

Prêmio e castigo

Em 2007, o matemático Eric Maskin ganhou o Prêmio Nobel de Economia pelos trabalhos desenvolvidos sobre os mecanismos econômicos no processo de incentivos e punições que leva pessoas e empresas a melhores resultados.

Maskin afirmou em entrevista à jornalista brasileira Monica Weiberg: "Não dá para criar regras em um mundo tão complexo quanto o atual sem compreender as reais motivações das pessoas". Segundo ele, o ser humano sempre pensa em si mesmo, antes de levar em conta o bem-estar geral. "A espécie humana é essencialmente egoísta e precisa frequentemente receber estímulos individuais para agir em prol de uma causa que transcenda o próprio raio de interesses."

O egoísmo não é um comportamento muito edificante, mas prevalece em quase todas as culturas. Maskin sugere que economistas, empresários e governantes se aprofundem mais no estudo da Psicologia. "Quando analisamos os motivos dos fracassos, normalmente encontramos decisões baseadas em ilusões e não em fatos." Com outros estudos, ele reforça basicamente o que Kahneman afirmou alguns anos antes.

Outro Prêmio Nobel relacionado à Psicologia foi entregue, em 2005, ao matemático Robert Aumann e ao economista Thomas Schelling, pelo aprofundamento dos estudos sobre a *teoria dos jogos*, que é a ciência da estratégia. Ela estuda, com base na lógica matemática, as atitudes que o jogador deve tomar para assegurar o melhor resultado possível na resolução de conflitos empresariais e pessoais.

O princípio dessa teoria é que cada jogador deve colocar-se no lugar do outro e interpretar seu modo de pensar. Antecipa, assim, as consequências das decisões alheias e utiliza essa informação para definir sua melhor opção em cada jogada. O tempo gasto estudando as motivações, as necessidades e o estilo do outro jogador é essencial para alcançar quaisquer objetivos.

A teoria dos jogos pode ser aplicada em dezenas de situações: como vencer um jogo de xadrez, como educar melhor os filhos, qual a melhor estratégia para ganhar uma partida de futebol, qual o melhor momento econômico para a compra de um imóvel, como agir na demissão ou contratação de um funcionário.

Pelas teorias de três dos ganhadores do Prêmio Nobel de Economia, o ser humano toma decisões precipitadas (Kahneman); sempre está atrás de vantagens pessoais (Maskin). E, se ele quiser ter sucesso em qualquer negociação, deveria aprender a se colocar na pele do outro (Aumann).

As pessoas não se dão conta de que muitos de seus comportamentos são inconscientes, mas não são aleatórios. Nossa personalidade e os comportamentos que a compõem são previsíveis e, portanto, podem ser estudados.

Para evitar ou diminuir a intensidade dos comportamentos que estão nos prejudicando e reforçar aqueles que estão dando certo, precisaremos entender como nossa personalidade é construída.

CAPÍTULO 3

GENÉTICA OU AMBIENTE: O QUE NOS FAZ SER COMO SOMOS?

Não é apenas a Biologia Evolutiva que nos ajuda a entender por que somos do jeito que somos. A Psicologia e a Neurociência Comportamental nos dão muitas pistas para analisarmos de onde vem nossa personalidade, e essa compreensão ajudará na melhor utilização de nossas potencialidades, o que será fundamental no desenvolvimento profissional.

A arma e o gatilho

A personalidade de uma pessoa é resultante da interação da hereditariedade com o ambiente, manifestada por meio de comportamentos. Comportamentos são padrões relativamente estáveis na forma de sentir, pensar e agir. Nossa personalidade teve influência em tudo que conquistamos, e continuará tendo no que esperamos conseguir.

A descoberta em 1953 da estrutura do DNA pelos cientistas James Watson e Francis Crick e principalmente os resultados do Projeto Genoma, publicado em 2001, facilitaram a compreensão das raízes biológicas da personalidade. Por causa dos avanços na Engenharia

Genética, surgiu uma nova ciência chamada Genética do Comportamento, que é o estudo da influência dos genes na personalidade.

"Os genes não restringem a liberdade humana – eles a possibilitam", diz o geneticista Matt Ridley. Sozinha, a genética não determina o que seremos, já que influências ambientais podem mudar a expressão dos genes. Todo comportamento tem um componente genético, mas sua manifestação depende de fatores ambientais. Genética e sociedade interagem para moldar o jeito de ser de cada pessoa. "O gene carrega a arma e o ambiente puxa o gatilho", afirma Ridley.

A obesidade em larga escala, por exemplo, é extremamente recente na população humana. Lutamos contra a fome por cerca de 5 milhões de anos e só nos últimos cinquenta anos passamos a ter alimentos com relativa abundância.

Nosso corpo, no entanto, continua geneticamente programado para agir como nos períodos de escassez. Armazena reservas na forma de gordura para usá-las em uma emergência. Só que essas emergências, como falta de animais para serem caçados, não ocorrem mais. A genética não mudou, mas o ambiente sim, já que ficou muito mais fácil obter alimentos. Daí resulta que dois em cada quatro brasileiros e dois em cada três norte-americanos apresentam sobrepeso. A obesidade virou epidemia.

Na década de 1970, pesquisadores da Escola Paulista de Medicina (EPM) – atual Universidade Federal de São Paulo (Unifesp) – fizeram dezenas de expedições para acompanhar a saúde de índios que habitavam o alto Xingu, ao norte do Mato Grosso. As tribos estudadas ainda viviam na Idade da Pedra, ou seja, de maneira parecida com nossos antepassados 13 mil anos atrás. Nas análises feitas nos primeiros dez anos, não se encontrou um único caso de doença cardiovascular ou obesidade na população local. Porém, nos anos 2000, cerca de 70% desses índios, ou seus descendentes, tinham problemas cardiovasculares e 50% eram obesos.

A genética continua exatamente a mesma, mas, como o ambiente mudou drasticamente – excesso de alimento e pouca necessidade de exercício físico –, doenças que antes não existiam passaram a fazer parte da vida dessas pessoas. Relembrando a frase de Ridley: "a genética é a arma; o ambiente é o gatilho".

Tendência ou destino?

A obesidade tem uma forte correlação com fatores ambientais; portanto, é uma tendência, não um destino. Se uma pessoa com predisposição genética para a obesidade tiver disciplina – comer menos e praticar exercícios – pode ser magra a vida inteira, desde que sobreponha seus instintos e não aperte o gatilho da gula. O mesmo vale para a predisposição para certos tipos de câncer.

Hábitos saudáveis diminuem a probabilidade de a doença surgir, assim como maus hábitos podem provocar seu aparecimento, mesmo em pessoas sem essa predisposição.

Os diferentes ambientes e as pressões a que fomos e somos expostos continuam a modelar as diferenças entre os humanos. O fisiologista Jared Diamond tem uma frase que resume as diferenças entre as pessoas: "A história seguiu diferentes rumos para os diferentes povos, devido às diferenças entre os ambientes em que viviam, e não devido às diferenças biológicas (genéticas) entre os povos".

Para fins práticos, vamos ao que interessa: como saber se o que somos resulta da genética ou do ambiente? A melhor maneira de obtermos essa resposta ainda é pela observação de gêmeos idênticos em suas rotinas por longos períodos. Esses estudos conseguem estimar quanto da personalidade tem origem genética e quanto se deve ao ambiente familiar ou às experiências pessoais.

Pesquisadores da Universidade de Minnesota, Estados Unidos, acompanham cerca de 8 mil gêmeos desde o início dos anos 1990. Os resultados dos mais de cem estudos publicados até agora mostraram que doenças como bipolaridade e esquizofrenia e talentos como habilidades musicais e atléticas têm forte componente genético. Outras características – como preferências culinárias, senso de humor, religião, afinidades esportivas e atividades sociais – dependem mais do ambiente.

Esses experimentos permitem estimar que as principais características da personalidade – como introversão ou extroversão, ansiedade ou estabilidade, dominância ou passividade, concentração ou dispersão

– são, em média, 50% herdadas. Os outros 50% vêm do ambiente. Chega-se à estimativa do meio a meio porque a maioria dos comportamentos é influenciada por vários genes e os estímulos ambientais ativam ou desativam esses genes.

O que nos faz únicos

Quem conhece ou convive com irmãos com pequena diferença de idade percebe que, desde os primeiros meses de vida, eles já demonstram diferenças de personalidade que se acentuam com o tempo. Um é mais dominante; o outro, mais pacífico. Um é organizado; o outro, bagunceiro. Têm brincadeiras e brinquedos diferentes e quase nunca os mesmos amiguinhos. Essas diferenças ocorrem mesmo entre gêmeos idênticos.

Como isso é possível? No caso de gêmeos univitelinos, a genética é rigorosamente a mesma, mas o ambiente é diferente! Desde o nascimento, as experiências vividas por cada criança são únicas. O relacionamento com os pais e cuidadores nunca é o mesmo. As sensações de medo, angústia e prazer vêm em diferentes momentos. A soma desses pequenos acontecimentos durante alguns anos será suficiente para formar diferentes personalidades em pessoas biologicamente iguais.

Várias pesquisas indicam que a maioria dos pais com mais de um filho (podem ser dois ou vinte) tem maior afinidade por um deles. Significa que, se você leitor tem dois filhos, é muito provável que "goste" um pouquinho mais de um deles. Pai e mãe dificilmente admitirão publicamente, mas o avô ou a avó são mais explícitos – o vovô tem 25 netos, mas um deles é claramente o seu favorito. Você que é tio, professora, babá, amigo ou conhecido da família tem suas preferências em relação às crianças, não tem? Se as dez ou vinte pessoas com que as crianças mais convivem as tratam diferentemente dos outros irmãos, como afirmar que o ambiente é o mesmo? As diferenças começam por aí e vão se aprofundando com o tempo.

Aplicações práticas da Neurociência

Cada área de pesquisa tem momentos máximos de descoberta. Para a Neurociência, este é um desses momentos. "Os últimos anos produziram mais conhecimento sobre o cérebro, e como ele se desenvolve, do que em décadas anteriores", afirma a neurocientista Rima Shore.

A tecnologia está revolucionando o conhecimento do cérebro. A ressonância magnética funcional (fMRI) permite a observação de imagens do cérebro em ação. Podemos fazer perguntas às pessoas, enquanto elas ainda estão no aparelho, e observar as diferentes áreas cerebrais funcionando sem que a pessoa emita qualquer som. Essa tecnologia mede o fluxo sanguíneo, e as imagens revelam quais áreas estão ativas naquele momento. Outra tecnologia muito importante é a tomografia por emissão de pósitrons (PET). Nessa técnica, injeta-se no corpo uma substância radioativa que atua como um marcador que permite observar o metabolismo do cérebro diante de diferentes estímulos. Guardadas as devidas proporções, seria quase como assistir a um filme das diferentes áreas de nosso cérebro trabalhando.

No trabalho dos neurocientistas, essas tecnologias já têm uma aplicação mais prática. Em alguns casos, ajudam os médicos a fazer cirurgias cerebrais mais precisas. Os neurocirurgiões usam as imagens para saber onde estão os centros da fala, da visão ou do movimento de cada paciente, para evitar lesioná-los durante a operação.

Além da Medicina, há também a associação entre Marketing e Neurociência. O médico Gerry Zaltman, da Universidade Harvard, foi o primeiro a usar aparelhos de ressonância magnética para estudos de Marketing, criando o Neuromarketing. Zaltman colocou voluntários na máquina para monitorar a atividade cerebral e tentou interpretar se eles realmente aprovavam ou rejeitavam determinado produto ou marca. Enquanto o voluntário permanecia no tomógrafo, os pesquisadores apresentavam fotos, filmes ou músicas. Dependendo da área cerebral mais ativada, conclui-se que tipo de reação o estímulo causa. Os neurocientistas já constataram, por exemplo, que a ativação do córtex pré-frontal mostra quando o voluntário aprecia o sabor de um produto, mesmo antes de perceber isso de forma consciente. O voluntário experimenta dez marcas diferentes de iogurte e, sem que ele responda a uma única pergunta, o exame aponta qual foi o sabor preferido. Isso vale para alimentos, bebidas, roupas ou perfumes.

"Em entrevistas tradicionais, nada garante que o entrevistado esteja falando a verdade. Nesses exames, esse risco é menor porque é medido o que a pessoa pensa, não o que ela diz", afirma o consultor dinamarquês Martin Lindstrom, que explica em seu livro, *A lógica do consumo,* como as empresas estão usando o Neuromarketing.

Vamos a um exemplo prático. A empresa norte-americana Bright House fez um estudo relativo a marcas de refrigerantes. A visão do cérebro em funcionamento revelou reações de consumidores aos refrigerantes Pepsi e Coca-Cola.

Quando os voluntários não sabiam o que estavam bebendo, as imagens mostraram que a preferência era de 50% para cada marca. Quando se mostrava o que cada um estava bebendo, as imagens indicaram que 75% preferiram a Coca-Cola. Se o sabor era parecido, por que três quartos preferiram a Coca-Cola? Provavelmente porque essa marca estimulou mais as áreas do cérebro ligadas aos impulsos de consumo. Ou seja, aparentemente o logotipo da Coca-Cola é mais poderoso do que o da Pepsi. Isso não é ficção científica e não vai demorar muito para que as imagens cerebrais revolucionem o dia a dia das pessoas.

Cérebro masculino e cérebro feminino

Outra tese comprovada é que há muitas diferenças entre o cérebro masculino e o cérebro feminino. Para usar a linguagem, por exemplo, as mulheres utilizam os dois hemisférios cerebrais, enquanto os homens usam quase somente o esquerdo.

O cérebro feminino é, predominantemente, programado para a empatia, enquanto o masculino é mais voltado para sistemas de construção e análise. Em geral, homens se saem melhor em tarefas que envolvem cálculos, enquanto as mulheres são melhores em habilidades relacionais.

As mulheres normalmente expressam melhor seus sentimentos do que os homens porque a área do sistema límbico, responsável pelas emoções, é mais desenvolvida nelas. Elas tendem a resolver seus conflitos com base na negociação, usando a empatia. Eles tendem a se impor pelo poder físico ou hierárquico e a serem mais rápidos e agressivos nas tomadas de decisão.

Os homens têm também diferentes impulsos ao fazer compras. Pense em um carro superesportivo. É muito caro, desvaloriza rápido, só tem dois lugares, é apertado, não tem porta-malas, atrai assaltantes e tem uma potência que quase nunca se pode usar. Por que, então, tantas pessoas têm o sonho de comprar um carro desses?

Quer uma interpretação objetiva? Cerca de 98% dos carros "superesportivos" são comprados por homens, pois eles sentem necessidade de exibir poder muito mais acentuadamente do que as mulheres. De outro lado, elas normalmente sentem grande prazer ao ficar várias horas seguidas escolhendo roupas e acessórios, o que é mais incomum em homens.

Há diferenças entre homens e mulheres no trabalho?

Há alguns anos fui contratado por uma empresa com distribuição nacional, com mais de 600 pontos de vendas, para analisar, entre outras coisas, os motivos da altíssima rotatividade entre os vendedores – os concorrentes tinham o mesmo problema. Constatamos que quase 90% das equipes de vendas eram formadas por homens, e a rotatividade entre eles era quase três vezes maior quando comparada à das mulheres. Seria coincidência? Analisamos por meses os perfis, tanto de clientes como de vendedores.

A conclusão foi que o produto dessa empresa exige muita negociação, pois demanda um projeto especificamente desenvolvido para cada cliente. O consumidor vai e volta várias vezes antes de definir a compra.

Aparentemente, as mulheres têm mais tolerância e empatia para enfrentar esse vaivém do comprador. Aceitam gastar mais tempo com a argumentação técnica (às vezes uma negociação dessas se estende por meses) e são mais flexíveis para modificar o projeto quantas vezes o cliente achar necessário.

Após essa constatação, sugeri que os lojistas aumentassem a proporção de mulheres na equipe comercial. O resultado foi quase imediato. Além de diminuir a rotatividade, as vendas aumentaram consideravelmente. Algumas lojas têm hoje 90% de mulheres como vendedoras com excelente desempenho.

Não há nada de sexismo nessa constatação, já que algumas atividades são executadas mais facilmente, física ou mentalmente, por homens; outras, por mulheres.

O analfabetismo psicológico

Toda essa conversa relatando o impacto da tecnologia nos estudos e exames sobre a personalidade foi levantada a fim de mostrar que se chegou a conclusões muito mais relevantes do que simplesmente a marca de iogurte que as pessoas preferem. As novas tecnologias permitiram descobrir que o cérebro evolui até a maturidade; entretanto, 95% do volume de um cérebro saudável é alcançado até os 7 anos.

No estudo dessas imagens, o dado mais relevante é indicar que o impacto do ambiente na formação do cérebro é enorme, principalmente nos primeiros anos de vida, pois esclarece como a rede cerebral da criança será montada e como essa estrutura será crucial no cérebro adulto.

Os resultados dessas novas informações são absurdamente pouco comentados e divulgados. O psiquiatra e professor da Universidade de São Paulo (USP) André Malbergier afirmou, de forma muito dura, em entrevista ao jornalista Gilberto Dimenstein que, por desinformação, as pessoas sofrem de "analfabetismo psicológico". Segundo ele, até mesmo médicos, por falta de formação, não conseguem perceber sintomas de depressão ou distúrbios mentais em seus pacientes. "É um massacre", resume.

Massacre porque, segundo ele, até 40% da população sofre, em algum nível, de algum distúrbio que deveria ser tratado para se evitarem complicações. Mesmo pessoas cultas não compreendem a importância da infância para a formação de adultos mentalmente saudáveis. "Pouquíssimos têm a noção de como é vital investir na formação da criança, encarando como prioridade seus primeiros anos de vida, porque nessa fase, define-se em grande parte a chance da prosperidade intelectual e emocional de um indivíduo", conclui Malbegier.

CAPÍTULO 4

MOLDANDO UM CÉREBRO SAUDÁVEL

Para analisar como somos, é preciso compreender como nosso cérebro foi moldado desde os primeiros anos e como ocorre o aprendizado ao longo da vida. É a Neurociência Comportamental que pode nos dar essas explicações.

As conexões mentais

Nascemos com cerca de 100 bilhões de células nervosas – os neurônios – que recebem e processam as informações de outros neurônios, formando conexões chamadas sinapses. Essas conexões são vitais para o desenvolvimento, o aprendizado e, também, para a formação da personalidade.

De 0 a 3 anos, os neurônios constroem essas conexões de forma acelerada. Cerca de 2 milhões de novas sinapses são formadas a cada segundo. Aos 3 anos, uma criança já formou quase três vezes mais sinapses que um adulto. As sinapses se formam quando a criança interage com o ambiente que a cerca. Experiências repetidas centenas ou milhares de vezes reforçam as sinapses relacionadas a elas e se tornam parte do circuito permanente do cérebro, que se mantém intacto até o fim da vida.

É bom frisar que, até os 3 anos, a criança só constrói conexões. A partir dessa idade é que começa um processo de eliminação: as sinapses que não recebem impulsos eletroquímicos – experiências que não se repetem – acabam ficando em mau estado, começam a enfraquecer e morrem. Nossa biologia nos obriga a "deletar" bilhões de conexões justamente para que possamos manter fortes as restantes.

A tendência do cérebro, a partir dos 4 anos, é a de se especializar cada vez mais, deixando ainda mais fortes as chamadas sinapses estruturais, aquelas que darão sentido ao mundo da criança e, consequentemente, do adulto. Padrões de pensamentos, comportamentos, valores, princípios, motivadores e modelos de mundo estão sendo lentamente construídos nessa fase.

Quando uma criança chega ao fim da adolescência restam "apenas" cerca de 500 trilhões de conexões. Mais da metade da rede neural foi descartada, e esse número de sinapses, a partir de então, permanecerá relativamente constante pelo resto da vida.

Como comparação, imagine um pessegueiro com galhos carregados de frutos do tamanho de um grão de feijão. Nessa situação, não há espaço físico e nutrientes bastantes que possibilitem o desenvolvimento de todos. Portanto, para que os pequenos frutos cresçam e amadureçam, muitos deles terão de ser eliminados. Aqueles que não receberem nutrientes suficientes ou que forem atacados por doenças e insetos ficarão fracos e cairão. Somente se desenvolverão os frutos mais fortes, mais bem posicionados e bem nutridos.

Esse exemplo ilustra como o cérebro humano trabalha. Muitas sinapses defeituosas, ou pouco estimuladas, terão de morrer para que outras se desenvolvam. A herança genética e as primeiras experiências infantis ajudam o cérebro a "escolher" quais sinapses sobreviverão.

A base do cérebro adulto

Em um domingo qualquer, o filho sente a excitação do pai quando o Flamengo está jogando e, a seu redor, percebe que as pessoas comemoram os gols. Essa criança, então, bate palminhas, é elogiada pela plateia e também se sente feliz. Se essa cena se repetir centenas de vezes, teremos mais um flamenguista no mundo.

É muito raro um adulto torcer por um time de futebol diferente daquele que aprendeu a apoiar na infância. E isso acontece para quase tudo: preferências musicais, brincadeiras, posição hierárquica, jogos prediletos, relação com a comida, maneira de lidar com conflitos, frustrações, prazeres e recompensas.

Quando usadas repetidamente, as sinapses de cada uma dessas atividades ou desses comportamentos se tornam mais fortes e ordenadas, metaforicamente criando uma "estrada asfaltada" pela qual será muito mais fácil trafegar. Quanto mais vezes o indivíduo passar pelas mesmas "estradas" mentais, mais se especializará nelas. Por isso, os primeiros anos são tão importantes.

O ganhador do Prêmio Nobel de Economia em 2000, o matemático James Heckman – que se dedica a estudar os efeitos dos estímulos educacionais nos primeiros anos de vida –, afirma que há evidências científicas de que dois tipos de habilidade têm enorme influência sobre o sucesso na vida de uma pessoa: as habilidades cognitivas, que estão relacionadas ao quociente de inteligência (QI), e as habilidades não cognitivas, que estão relacionadas à inteligência emocional (QE). Oportunamente serão dadas as definições e explicações sobre QI e QE.

As crianças que não desenvolvem suas principais capacidades pessoais nos primeiros anos de vida terão mais dificuldade em assimilar essas habilidades e esses conhecimentos na vida adulta. Em entrevista concedida a Monica Weiberg, Heckman afirmou: "Uma criança de 8 anos que recebeu estímulos cognitivos adequados, [ou seja, educação formal e incentivo dos pais] desde os 3 anos conta com um vocabulário de cerca de 12 mil palavras. Uma criança da mesma idade, sem esses estímulos, tem um vocabulário de apenas 4 mil palavras".

Os estudos de Heckman mostram que, por volta dos 10 anos, habilidades cognitivas, como a fluência verbal e o domínio da matemática básica, já estão estruturadas, e se torna mais difícil desenvolvê-las depois dessa fase.

O pior é que, se nada for feito, haverá uma tendência de que essa diferença se agrave com o passar dos anos, resultando em um adulto analfabeto funcional.

Segundo os dados do Indicador de Alfabetismo Funcional (Inaf) de 2009, 75% dos brasileiros adultos não são plenamente alfabetizados. O indivíduo lê, mas não consegue interpretar o conteúdo. Para essa pessoa as dificuldades de aprendizado serão muito maiores. "Por isso as lacunas da primeira infância atrapalham tanto", afirma Heckman, que compara os primeiros anos de vida aos alicerces de um prédio: "Se a base for ruim, o edifício desmoronará". Segundo Heckman, os primeiros anos "são decisivos para moldar habilidades que servirão de base para que outras surjam – um ciclo virtuoso do qual resulta gente preparada para produzir riquezas para si mesma e para seus países".

Nesse ponto, é importante retomar a abordagem do primeiro capítulo, que se refere ao contexto da pré-história e a sua relação com os instintos do ser humano atual, a fim de correlacioná-la com os conceitos de inteligência e a importância da infância.

Em pleno século XXI, ainda há na Amazônia povos isolados, vivendo como caçadores-coletores, de forma muito semelhante com a que viviam nossos ancestrais há 13 mil anos: o mesmo estilo de vida, as mesmas ferramentas de pedra; grupos com poucos indivíduos; nômades, que caçam animais e coletam alimentos na natureza. Pesquisadores conseguiram coletar o sangue de alguns desses indivíduos e concluíram que esses povos, que viveram isolados por milênios, têm a mesma base genética que um japonês ou um norte-americano que nasceram hoje.

Como já vimos, e não custa reforçar, geneticamente não existem diferenças significativas entre os povos espalhados pelo mundo, pois todos têm os mesmos poucos antepassados em comum.

Portanto, todo recém-nascido adequadamente estimulado poderia falar qualquer idioma, cursar uma universidade ou dirigir uma empresa. Assim como, se um de nossos filhos fosse introduzido em uma tribo indígena isolada, viveria, falaria e se comportaria como um caçador-coletor, exatamente como fariam seus hipotéticos pais adotivos.

História de pescador

Sou um pescador fanático e, há mais de quinze anos, passo cerca de duas semanas por ano pescando na Amazônia. Apesar de contar com certo conforto, às vezes acampo em regiões isoladas e tenho como guias índios ou seus descendentes.

Na mata fechada, eles acham trilhas "invisíveis"; sentem a presença de animais pelo olfato ou pela audição; acham plantas comestíveis e medicinais por todo o lado; com arpões primitivos, pescam em minutos o que eu não consigo pescar com equipamentos sofisticados em horas; pressentem tempestades; constroem abrigos em pouco tempo; encontram atalhos. É impressionante como meus anos de estudo formal não servem para quase nada nesse ambiente. É provável que apenas um adulto treinado para viver na civilização em um milhão sobreviva por mais de um ano nessas condições ambientais extremas de isolamento e perigos.

A verdade é que me sinto um completo ignorante em comparação à inteligência naturalista que eles demonstram ter. Já fui mais de trinta vezes para a Floresta Amazônica e, mesmo assim, não sobreviveria sozinho por mais que algumas semanas. Esses guias passam meses – se quisessem passariam anos – vivendo exclusivamente da floresta. Quem é o "inteligente" nesse ambiente?

Naturalmente, esses povos isolados tendem a mostrar um desempenho fraco em atividades cognitivas – como uma simples leitura – para as quais não foram treinados na infância. Isso não tem nada a ver com falta de inteligência, mas ausência de estímulos adequados.

A inteligência desses povos não é, estatisticamente, menor ou maior do que a do leitor deste livro. É diferente e seu desenvolvimento dependerá tanto de suas predisposições genéticas como do aprendizado e treinamento que tiverem nos primeiros anos de vida.

Falo tanto sobre a infância por três motivos principais:

- É extremamente relevante entender como se formou nossa personalidade até os 10 anos.
- É importante analisar como foi a infância de nossos colegas de trabalho, pois o "jeitão" deles também foi estruturado naquela época e

com essas informações será muito mais fácil compreendê-los.

- A maneira como criarmos nossos filhos terá grande influência no tipo de profissionais que eles se tornarão.

Como já vimos, toda criança nasce com predisposições genéticas que, quando reforçadas pelo meio, definem muitos de seus comportamentos e de suas habilidades. É só examinar qualquer grupo de crianças a partir dos 8 anos e você verá cada uma delas desempenhando papéis consistentemente diferentes. Há a líder, a divertida, a criativa, a intelectual, a habilidosa em esportes, a agregadora, a meticulosa, a estrategista, a negociadora etc. Entre os 8 e os 10 anos, a criança começa a perceber em que papéis se destaca e, se adequadamente estimulada, tende a se especializar nesse modelo.

A líder gosta de aprimorar seu estilo de liderança; a com dons artísticos sente-se cada vez mais à vontade em exprimi-los; a com habilidades atléticas sente prazer ao dedicar-se intensamente aos treinamentos, e assim por diante. A criança tende a se aprimorar no papel no qual demonstra maior aptidão. Até os 7 anos, quando alguém pergunta "Quem é o melhor aluno?", todos levantam a mão e gritam "Eu!". Quando se faz a mesma pergunta em uma sala com alunos de 10 anos, a maioria dirá "É a fulana!".

Devemos ficar muito atentos a essas tendências e aptidões de nossos filhos se realmente quisermos ajudar a formar adultos mentalmente saudáveis e profissionalmente produtivos.

Começo meus treinamentos falando sobre a formação da personalidade e, portanto, da infância. Nos primeiros minutos, percebo certo desconforto da plateia com um assunto aparentemente fora do contexto de uma empresa. Porém, depois de explicada a teoria básica da personalidade, os participantes se interessam tanto pelos assuntos relacionados à infância que se torna difícil voltar a falar sobre gestão de adultos.

É muito importante entender como a criança aprendeu a ser como é para compreender a personalidade do adulto. É difícil mudar os comportamentos do adulto sem entender de onde vieram esses comportamentos. Desconhecendo as causas, é quase impossível mudar os efeitos. Não adianta procurar os motivos dos principais distúrbios de comportamento apenas no presente, já que a origem desses problemas em muitos casos está no passado, como também lá está a base de nossos talentos e habilidades. Dessa forma, as experiências – positivas e negativas – que tivemos nos primeiros anos de vida determinarão em grande medida a formação de nosso cérebro adulto.

Pensamentos geram ações

Pensamentos geram sentimentos, que geram comportamentos (ações), que reforçam os mesmos pensamentos iniciais.

O círculo vicioso

Pensar na pessoa amada traindo sua confiança gera um sentimento de revolta que induz comportamentos agressivos. Esses comportamentos afastam ainda mais essa pessoa, reforçando os pensamentos sobre uma traição que, muitas vezes, é imaginária.

Pensar em situações de fracasso aumenta a sensação de derrota que, inconscientemente, produzirá ações que confirmem o fracasso, repetindo os mesmos reveses. Freud chamava esse mecanismo de *ato falho* - hoje conhecido como *profecia autorrealizável*: previsões negativas que sempre se cumprem para confirmar os prognósticos de quem as fez. Por exemplo: "Não falei que ia dar errado?" ou "Eu nunca conseguiria, nem deveria ter tentado!".

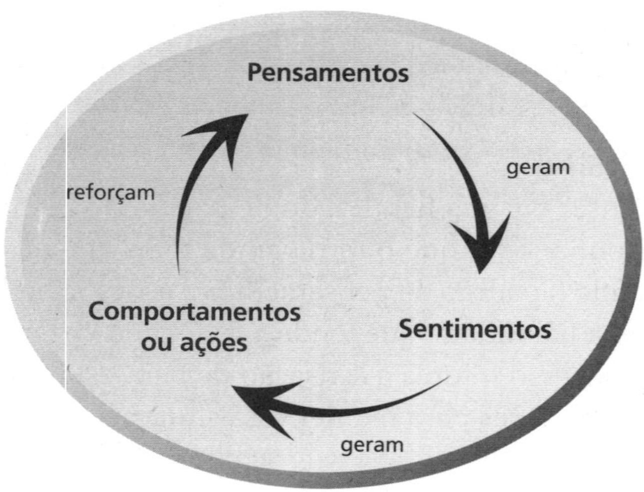

Figura 1 Os círculos vicioso e virtuoso

É importante saber que, se você quiser interromper esse círculo vicioso, terá de entender as causas do problema – que estão no passado – para melhorar os efeitos – que acontecem no presente.

O círculo virtuoso

De outro lado, se você é habilidoso em vendas, tem facilidade para fazer cálculos, toca bem um instrumento musical, aprende idiomas em pouco tempo, faz amigos em qualquer lugar ou consegue ser franco sem ofender as pessoas, pode ter certeza de que desenvolveu a base desses comportamentos na infância.

Sabendo disso, seria importante entender as causas dessas habilidades para reforçar os efeitos desse círculo virtuoso.

Pensar sobre situações em que você foi bem-sucedido gera uma sensação de bem-estar. Essa sensação estimula comportamentos (ações) que reforçam os pensamentos sobre o sucesso, realimentando o círculo virtuoso.

Pensar em sua habilidade de persuasão aumenta a autoconfiança, o que o torna ainda mais persuasivo, reforçando o padrão de pensamentos e ações relacionados a essa habilidade que tende a ficar cada vez maior.

O sucesso reforça a sensação de bem-estar, o que aumenta as ações para manter essa situação.

CAPÍTULO 5

ENTENDA SUA PERSONALIDADE

Sigmund Freud foi o primeiro estudioso notório a compreender e explicar a importância dos primeiros anos de vida para a formação da personalidade do adulto. Utilizarei partes de sua teoria que, quase cem anos depois de concebida, ainda é referência. Essa análise será útil para entendermos como são formados os círculos viciosos, os círculos virtuosos e de onde surgiu o conceito de inteligência emocional, que hoje é muito mais discutido e divulgado do que a teoria original.

Freud explica

Na tese freudiana, a estrutura da personalidade é composta por três partes: *id*, *ego* e *superego*. O id cria impulsos que busquem o prazer, sendo aquele lado instintivo que não mede as consequências dos atos, procura a gratificação imediata e não tolera a frustração.

Nos primeiros meses de vida, as exigências do id são satisfeitas com carinho, higiene e alimentação. À medida que a criança vai crescendo, percebe que precisa se adaptar às exigências e condições impostas pelo meio, pois nem tudo que deseja está disponível. Para se adaptar a essas exigências, surge uma nova parte da estrutura da personalidade, o ego, que terá como principal função controlar os impulsos e desejos, decidindo se devem ser satisfeitos imediatamente, mais tarde ou nunca.

À medida que se desenvolve, a criança descobre que existem normas e restrições estabelecidas pelos pais, pela escola e pela sociedade que se repetem com muita frequência: "Evite fazer barulho!"; "Coma verduras!"; "Durma cedo!"; "Cuide dos mais novos!"; "Não faça bagunça!". Essas normas e regras se incorporam à personalidade, constituindo a terceira parte de sua estrutura, o superego, que gera impulsos constantes de autocensura. No adulto, ele reprime e critica, funcionando como um freio para quaisquer ações. Para o superego, tudo que se deseja é errado, perigoso ou faz mal.

Tanto o id como o superego são irrealistas, pois agem sempre de forma imediata e irrefletida: o primeiro sempre busca o prazer; o segundo, automaticamente censura.

Freud – que nem sonhava com a tecnologia atual – afirmava que a personalidade de um adulto era o resultado de como se deu a estruturação do id, do ego e do superego nos primeiros anos de vida. Ele também dizia que, com o passar do tempo, os conflitos emocionais, os problemas mal resolvidos e as disputas entre o id e o superego na infância (lembrem-se da importância das primeiras sinapses) gerariam dezenas de neuroses nos futuros adultos.

Felizmente, não é só desgraça. Para lidar com os extremos, existe o ego, que desempenha o papel de integrador, controlando as exigências do id e a feroz autocrítica do superego.

Se quando crianças fomos exageradamente exigidos, criticados e humilhados, tenderemos a ter um superego predominante. Se, pelo contrário, tivemos atendidos todos os nossos caprichos, desejos e vontades, por mais egoístas que fossem, tenderemos a ter um id fortalecido. Os extremos sempre serão prejudiciais.

É muito importante esclarecer que as três partes da estrutura psíquica não podem ser consideradas isoladamente em seu funcionamento, pois elas são interdependentes. A maneira como lidarmos com as disputas entre o id, o ego e o superego definirão o sentido de nossa existência.

Apresento nas próximas seções alguns exemplos de situações relativamente comuns e as consequências causadas por elas.

Construindo a personalidade na prática

Vejamos duas situações que ilustram a construção das três partes da personalidade. No primeiro caso, o filho exige um carrinho, que os pais compram com algum sacrifício. A criança fica feliz, mas destrói o brinquedo em quinze minutos.

Em outra situação, um dos filhos é expulso da escola por agredir fisicamente crianças menores.

As reações mais comuns dos pais a esses acontecimentos é que vão nortear qual dos três componentes da personalidade vai prevalecer e ser reforçado. Analise as reações e reflita sobre que situações foram mais comuns em sua infância.

Reação 1

No primeiro caso, os pais não advertem a criança e acham normal que ela quebre brinquedos e, ainda, compram outros, que também serão destruídos com a mesma fúria durante toda a infância. No caso da expulsão, os pais colocam a culpa na escola, nos professores e nos outros alunos, sem reconhecer a gravidade do fato, já que o filho é um "anjinho e nunca tem culpa de nada que acontece de errado". A única providência, além de continuar mimando a criança para "evitar qualquer frustração", é trocá-la de escola pela segunda vez em seis meses.

Com a repetição sistemática por anos de atitudes permissivas, maus exemplos e falta de limites, esses pais vão criar um "monstrinho" que, quando adolescente, vai virar um "monstrão" e, por fim, um adulto problemático. Estão ensinando o id a prevalecer na personalidade. Os resultados desse estilo de educação serão a baixa tolerância à frustração, a impulsividade, o desrespeito à autoridade, a agressividade e o abuso sobre os mais fracos.

Está preparado todo o cenário para gerar um preguiçoso, que vive sugando as energias emocionais e financeiras das pessoas que o cercam. Bateu o carro? O papai compra outro. Foi preso com drogas? O papai solta. Não consegue arrumar emprego? O papai banca. O menino tem 35 anos e a mamãe continua a defendê-lo deste mundo cruel.

Reação 2

Os pais agridem a criança por ter quebrado o brinquedo e não explicam mais nada. "Cale a boca e obedeça. Quem manda sou eu e, se chorar, apanha de novo!". No caso da escola, humilham o filho em público com palavrões e ameaças.

Esses comportamentos e atitudes, quando repetidos por anos de forma sistemática, vão reforçar o superego e o senso de inferioridade da criança. Isso vai ter como consequência o desenvolvimento de um adolescente e, depois, de um adulto com baixa autoestima, depressivo, inseguro e medroso. Estão formando a estrutura de um adulto que será um "banana".

Reação 3

No caso do brinquedo, os pais explicam para a criança que se privaram de outras coisas para comprar o carrinho e que, por tê-lo destruído, ela ficará seis meses sem ganhar outros brinquedos. Explicam também que toda ação negativa, ou positiva, terá consequências: é a lei da causa e efeito demonstrada na prática.

No caso da expulsão da escola, procuram saber, realisticamente, quais foram os motivos do mau comportamento e, com carinho e firmeza, aplicam castigos não físicos, como proibir televisão, videogame ou aquilo que a criança sinta falta, como consequência pelo comportamento inadequado. Em seguida, com muito mais cuidado acompanham o dia a dia do filho na próxima escola, para que essa situação extrema não se repita.

A soma desses exemplos, dessas atitudes e dessas condutas equilibradas por toda a infância provavelmente formarão um adolescente e, depois, um adulto com o ego predominante na personalidade. Essa criança será um adulto responsável e um profissional assertivo, confiante, respeitoso e justo, características que possibilitarão uma carreira bem-sucedida.

Para exemplificar, analisaremos os resultados da interação do id, do ego e do superego na vida adulta.

- **Primeira situação** – Uma pessoa que está em dificuldades financeiras e desempregada é convidada por amigos a fazer um cruzeiro marítimo. Exige o id: "Quero viajar porque gosto e não suporto a tensão do desejo. Quanto ao dinheiro, tomo emprestado". O superego faz o seu papel: "Além de não ter dinheiro, não mereço. Ficarei em casa sofrendo".

- **Segunda situação** – Alguém vai a uma festa e se depara com uma situação constrangedora: há muita gente e pouca comida! O id entra em ação. "Estou com fome. Vou atacar a comida e que se danem os outros!". O superego retruca: "Ficarei por último e só comerei se sobrar alguma coisa, mesmo porque me sentirei culpado".

- **Terceira situação** – Há uma fila enorme para comprar ingressos para o cinema. O id ordena: "Estou com pressa e não tolero esperar. Furarei a fila e, se alguém reclamar, ameaçarei ou fingirei que foi sem querer!". O superego reagiria assim: "Acho que não adianta ficar na fila. Sou tão azarado que, quando chegar minha vez, não haverá mais ingressos".

- **Quarta situação** – É sexta-feira, e o gerente pede que todos os funcionários venham no sábado para uma reunião de emergência. O id determina: "Hoje é dia de festa. Vou tomar todas e não trabalharei no sábado. Se quiserem me demitir, será um favor". O superego não alivia: "Pelo tom da conversa, acho que levarei uma bronca. É muito azar".

E agora? Se contar com o ego fortalecido, provavelmente a pessoa tomará as seguintes decisões:

- **Na primeira situação** – "Farei essa viagem quando a situação estiver melhor. Por enquanto, basta um bom livro, que, além de não ser caro, vai ajudar a me manter bem informado."

- **Na segunda situação –** "Vou estimular os anfitriões a comprarem mais salgadinhos e, com bom humor, pedirei para o pessoal maneirar."

- **Na terceira situação –** "Já que a fila está grande, vou procurar outra opção e deixar para assistir ao filme durante a semana, quando não há tanta gente."

- **Na quarta situação –** "Tinha intenção de viajar, mas, se o chefe pediu para vir, deve existir algum motivo importante."

Essas decisões dependerão do processo de interação das três partes da personalidade, de quais exemplos tivemos como norteadores na infância, de que forma percebemos as consequências resultantes das boas e más ações, de que maneira éramos recompensados ou punidos e quais critérios eram adotados.

Embora não percebamos, as disputas entre o ego, o id e o superego acontecem centenas de vezes, todos os dias.

Quanto você tem de id, ego e superego?

É possível fazer uma análise de como está balanceada sua personalidade entre essas três partes. Preencha o teste a seguir com base naquilo que você efetivamente é em seu cotidiano e não no que gostaria de ser. Marque de 1 a 5 a frequência com que esses comportamentos ocorrem.

Frequência

1. Quase nunca.
2. Poucas vezes.
3. Com frequência.
4. Quase sempre.
5. Sempre.

Comportamentos mais relacionados ao id

_____ Sou guloso.
_____ Sou irresponsável.
_____ Sou prepotente.
_____ Sou egoísta.
_____ Tenho ataques de raiva.
_____ Sou impulsivo.
_____ Sou folgado.
_____ Sou grosseiro.
_____ Sou intolerante.
_____ Sou preguiçoso.
_____ Perco o controle.

Soma 1 = ____

Comportamentos mais relacionados ao superego

_____ Sinto-me desprezado.
_____ Sou depressivo.
_____ Sou reprimido.
_____ Sou medroso.
_____ Sou indeciso.
_____ Sou inseguro.
_____ Sou desanimado.

_____ Sou pessimista.
_____ Sinto-me azarado.
_____ Sou muito crítico comigo mesmo.
_____ Não consigo dizer o que penso.
Soma 2 = ____

Comportamentos mais relacionados ao ego

_____ Vivo de acordo com a realidade, sem me deixar levar por fantasias.
_____ Reconheço os meus erros, quando ocorrem.
_____ Estou bem adaptado profissionalmente.
_____ Sou capaz de descansar e distrair-me nos períodos de lazer.
_____ Sou autoconfiante, mesmo diante de situações adversas.
_____ Sou flexível para mudar de opinião, quando necessário.
_____ Mantenho relacionamentos estáveis.
_____ Interesso-me pelos semelhantes de maneira construtiva.
_____ Estabeleço amizades duradouras.
_____ Promovo o bem-estar da minha família.
_____ Consigo ser franco, sem ofender as pessoas.
Soma 3 = ____

Resultado

Soma 1 (id) = ____
Soma 2 (superego)= ____
Soma 3 (ego) = ____
Total = ____

Cálculo da porcentagem de cada aspecto

1. Soma 1 (id) ____ x 100 = ____
   Dividido pelo total ____ = ____ % id

2. Soma 2 (superego) ____ x 100 = ____
   Dividido pelo total ____ = ____ % superego

3. Soma 3 (ego) ____ x 100 = ____
   Dividido pelo total ____ = ____ % ego

Esses resultados representam os percentuais de id, ego e superego em sua personalidade, baseados em sua percepção atual. O ideal seria preencher o teste sozinho e, depois, pedir para que pessoas que o conheçam bem façam essa análise sobre você. Assim você teria uma avaliação de terceiros para comparar com a sua própria percepção.

Como a personalidade tem certa maleabilidade, é desejável que o percentual do ego aumente com o passar dos anos.

CAPÍTULO 6

UM ADULTO CONSEGUE MUDAR SUA PERSONALIDADE?

Pesquisas indicam que o ser humano desenvolve cerca de 50% de sua capacidade de aprender nos primeiros sete anos de vida e outros 30% antes de completar 15 anos.

Isso significa que, nesses primeiros anos, formamos as principais trilhas de aprendizagem no cérebro. Tudo o mais que aprendermos na vida será baseado nesse alicerce e todo o aprendizado posterior crescerá a partir desse núcleo.

Depois dessa idade, não interessa muito se o comportamento veio da genética, do ambiente ou de ambos – o que é mais provável. A base está formada e o importante é o que fazer daí para frente.

O psicanalista Erich Fromm já afirmava, há mais de sessenta anos, que seria possível fazer previsões a respeito dos comportamentos de um indivíduo em situações futuras, pois, apesar de a personalidade adquirir alguma maleabilidade com o passar dos anos, a estrutura – a base – continuava sendo a mesma durante toda a vida. Hoje, neurocientistas confirmam que a estrutura da personalidade é relativamente estável em adultos saudáveis.

O escritor Malcolm Gladwell explica a genial estratégia da Inglaterra durante a Segunda Guerra Mundial para diferenciar as mensagens telegráficas falsas das verdadeiras enviadas pelos alemães. Os ingleses recrutaram milhares de interceptores para sintonizar, 24 horas por dia, informações trocadas entre as diversas forças inimigas.

Após alguns meses perceberam que o que menos importava era o conteúdo, pois os alemães sabiam que estavam sendo monitorados. Depois de dois anos de análises dos dados, os interceptores ingleses começaram a identificar cada telegrafista alemão pelo estilo dos pulsos nas transmissões. A mensagem podia ser falsa, mas o estilo não. Em meados de 1942, concluíram que a personalidade desses operadores se manifestava de forma automática, e inconsciente, pela maneira como trabalhavam as teclas do telégrafo.

O estudo chegou a tal grau de precisão que permitiu identificar cada operador alemão pelo estilo. Concluíram também que havia poucos operadores-chefes e que eles quase nunca enviavam mensagens falsas. Em decorrência dessa estratégia, os ingleses aprenderam a identificar as mensagens verdadeiras, conseguindo assim grande vantagem estratégica. Naquela época, os psicólogos ingleses perceberam que a personalidade tinha um padrão identificável, estável e que duas pessoas jamais apresentariam o mesmo estilo.

O que muda e o que não muda

A personalidade do adulto – voltando à metáfora feita por James Heckman – pode ser comparada a um prédio de dez andares: não se muda sua estrutura, pois está baseada em fundações que pouco conseguimos alterar. É possível, no entanto, mudar o acabamento desse prédio quantas vezes desejarmos. Não se mudam as pilastras, mas pode-se modificar a fachada, os móveis, a pintura, a iluminação, a decoração etc.

Por exemplo, estudos com filhos de imigrantes mostram o seguinte padrão em qualquer lugar do mundo: quando as crianças aprendem o novo idioma antes dos 10 anos, conseguem falá-lo como os nativos; quando aprendem a nova linguagem entre os 10 e os 15 anos, normalmente se expressam com algum sotaque. A maioria das pessoas que aprendem após essa idade se expressará com um sotaque marcante, que permanecerá até a velhice.

É consenso que o aprendizado e a memorização de adultos requerem a formação de novas sinapses que são feitas a partir de neurônios que estejam "disponíveis". Na realidade, o cérebro é maleável e sempre está reconfigurando seus circuitos de acordo com novos pensamentos e novas experiências. Os cientistas chamam de *neuroplasticidade* a capacidade de adaptação inerente ao cérebro.

É importante frisar que essa neuroplasticidade não é ilimitada e varia de pessoa para pessoa. Aprender a falar um novo idioma, cursar uma faculdade, mudar de cidade, estabelecer outro casamento, trocar de emprego, apesar de custar enorme esforço, seria o equivalente a mudar o acabamento.

A introversão, por exemplo, faz parte da estrutura da personalidade e, portanto, é improvável que um adulto introvertido, calado e tímido se transforme em uma pessoa extrovertida, sociável e falante. Entretanto, se um sujeito tímido se esforçar para ser menos introvertido, estará mexendo no acabamento.

Tentar diminuir o excesso de dominância seria aprimorar o acabamento. Virar alguém submisso seria o equivalente a modificar a estrutura. Ser menos impaciente é acabamento, transformar-se em alguém calmo seria tentar modificar a estrutura.

Lagartixa não vira jacaré

Neste exemplo, usarei meu próprio caso para ilustrar os tópicos deste capítulo.

Técnico-profissional – Sou engenheiro agrônomo desde os 22 anos e, aos 26 anos, porém, deixei de trabalhar exclusivamente no agronegócio. Expandi minha área de atuação, comecei a estudar assuntos diferentes, conquistei novos clientes nos mais diferentes ramos, aprendi um novo idioma e passei a trabalhar como consultor. Assim, as sinapses que demorei cinco anos para formar durante o curso universitário e que reforcei por mais algum tempo lentamente começaram a ser apagadas para que meus neurônios tivessem espaço para criar novas conexões relacionadas a outras áreas – no caso, a Psicologia e, em seguida, a Neurociência Comportamental. Aos poucos ajustei meu "acabamento profissional" e continuo a fazê-lo sempre que acrescento novas experiências e conhecimentos.

Personalidade – Aos 18 anos, já era um sujeito direto, objetivo e exigente – esta era a minha estrutura. Aos 47 anos continuo com esse "jeitão", mas aprendi, porém, a ser mais habilidoso, usar o humor, ser mais flexível, menos intolerante e a escolher com mais cuidado o contexto para dizer o que penso, sem, contudo, deixar de ser assertivo.

Físico – Sempre fui comilão e, em 2009, quando estava com mais de 20 quilos de sobrepeso que me causavam vários problemas de saúde, tomei a decisão de mudar meus hábitos alimentares. Depois de um ano consegui chegar ao mesmo peso que tinha aos 20 anos. Não mexi na estrutura – continuo a gostar de comer –, mas normalmente termino as refeições sem estar saciado, faço mais exercícios e me peso todos os dias. Imagino que terei de me esforçar por mais alguns anos, mas meu cérebro aos poucos formará novas sinapses e, junto com a força de vontade – o que é acabamento –, vou manter-me com um peso saudável.

Pontos fracos – Não tentei mudar algumas fraquezas, apenas me adaptei a elas: como sou ruim de cálculo, contratei um contador. Como tenho péssimo senso de orientação, ando muito de táxi ou uso o GPS. Sou muito impaciente e, para atenuar qualquer espera, ando sempre com algum livro para ler em qualquer situação que me deixe inquieto ou irritado: fila no aeroporto, restaurante cheio, sala de espera etc. Meu remédio para a impaciência é a leitura.

Temperos – Em uma metáfora um tanto tosca, daria para comparar pessoas a ingredientes culinários. Tem gente que é sal, tem gente que é limão, tem gente que é açúcar, tem gente que é orégano, tem gente que é pimenta. Nenhum tempero é necessariamente melhor que o outro, pois depende de como o cozinheiro prepara a comida. Eu sou pimenta! Sabendo disso, tento me adaptar aprendendo novas receitas sem a pretensão de agradar a todos os paladares. Se eu tentasse virar açúcar – tem gente que tenta –, sairia uma coisa muito esquisita.

Procuro me especializar onde tenho talento e, se algo está realmente atrapalhando, tento consertar ou aprendo a fazer diferente. O que julgo não valer o desgaste e o esforço da mudança, relevo e sigo em frente.

Aprendi que, apesar de ser muito trabalhoso, melhorar o acabamento pode significar ganhos enormes na qualidade de vida sem ter de mudar a estrutura. Costumo dizer – em relação à personalidade – que lagartixa não vira jacaré, mas pode aprender novos hábitos.

A formação de uma equipe de trabalho

Em 2005, fui contratado para preparar novos supervisores para uma indústria frigorífica em uma pequena cidade do interior do Paraná.

Essa empresa contava com cerca de 2 mil funcionários, que trabalhavam nas salas de corte de aves, e outros quinhentos, em diversas funções. Havia cerca de cem supervisores, e cada um comandava entre quinze e 25 cortadores.

A empresa expandiria sua fábrica e precisaria de trinta desses novos profissionais. O desafio seria selecioná-los entre os 2 mil operários para, depois de treinados, assumirem a função de supervisores.

Os critérios estabelecidos foram:

- perfil para liderança (estrutura);
- disposição para receber treinamento intensivo (acabamento);
- disposição para trabalhar inclusive em períodos noturnos (acabamento);
- ambição para ascender profissionalmente (estrutura).

Durante entrevistas com mais de duzentos candidatos, em especial uma moça me chamou a atenção. Tinha cerca de 20 anos, estava havia um ano na empresa e se destacava pela assiduidade e pelo comprometimento. Viera de uma cidade muito maior em busca de melhores oportunidades de trabalho.

Quando perguntei se ela não se incomodava de morar em uma cidade tão pequena, ouvi como resposta que gastava mais de quatro horas para ir e voltar do trabalho. E que não conseguia estudar à noite, pois seu bairro era muito violento. "Aqui, consigo chegar ao trabalho em dez minutos e, com isso, sobra-me tempo e dinheiro para cursar uma faculdade. Comparando como vivia, sinto-me no paraíso."

Ela foi selecionada, treinada e promovida a líder de sala, com menos idade que 90% das pessoas que passou a comandar, e se saiu muito bem. O que ela mudou? Estrutura ou acabamento?

Mudar de cidade, de profissão, de relacionamentos é puro acabamento, pois a estrutura já estava lá.

Portanto, não vale como desculpa nos acomodarmos porque a estrutura muda pouco, já que é absolutamente possível e necessário melhorar de forma contínua o acabamento. Quando adultos, não conseguimos mudar nosso prédio de lugar, mas podemos escolher como viveremos dentro dele.

A estrutura também poderia ser comparada a um cavalo e o acabamento ao cavaleiro. O cavalo é fisicamente muito mais forte, mas é conduzido pelo cavaleiro. O acabamento deveria dominar a estrutura.

CAPÍTULO 7

OS TRÊS MODOS DE VER O MUNDO

Percebemos o mundo de uma maneira muito particular e temos a ilusão de que os outros percebem a realidade da mesma forma que nós. O problema é que essas ilusões causam muitos transtornos, conflitos e insatisfações na carreira de qualquer um.

Mostrarei a seguir um método que ajudará a entender como as pessoas – a começar por você – percebem a realidade para, se necessário, promover ajustes.

Três mundos diferentes

São três os grandes sistemas de linguagem neurológica pelos quais ocorre o processamento cerebral: o modelo *visual*, o modelo *auditivo* e o modelo *sinestésico*.

Na personalidade, há uma mistura desses três grandes modelos, que, raramente, são igualmente desenvolvidos. Normalmente, um dos modelos é predominante na personalidade, e isso acontece porque nosso cérebro nos "obriga" a priorizar uma parte das experiências e a desprezar as restantes.

Como vimos nos capítulos anteriores, a priorização das informações é determinada pela maneira como foram formadas nossas sinapses nos primeiros anos de vida. Os modelos de mundo são configurados na infância e estruturados antes do fim da adolescência. Depois dessa fase, permanecerão relativamente estáveis durante toda a vida.

Ser mais visual, auditivo ou sinestésico não é, necessariamente, bom ou ruim, porém tendemos a nos relacionar melhor com quem tem um modelo parecido com o nosso. Compreender essa teoria melhorará seu autoconhecimento e facilitará o relacionamento com indivíduos cujos modelos são diferentes dos seus.

Modelo de mundo visual

O visual raciocina melhor por meio de imagens e suas lembranças contêm mais cenas do que sensações ou sons. Descreve a aparência de outras pessoas ou coisas mais facilmente do que aquilo que ouve ou sente. A pessoa visual se comporta como se seus pensamentos fizessem parte de um filme e aprende melhor vendo do que ouvindo ou executando. Está sempre ligada em tudo que acontece a sua volta e quase nunca consegue relaxar.

Usa as mãos para complementar ou reforçar o que está dizendo; movimenta-se bastante; é objetivo, rápido e tem um tom de voz elevado. Como percebe o mundo como um grande filme, tudo que pareça estar em "câmera lenta" tende a irritá-lo. Os visuais são agitados, têm o raciocínio rápido, fazem várias coisas ao mesmo tempo, inclusive fora do trabalho.

Os visuais extremos são impacientes e agressivos, mas isso não significa falta de respeito ou desinteresse. Pelo contrário, eles se comportam dessa forma para evitar que qualquer distração atrapalhe a projeção em sua mente.

Pontos fortes

- É objetivo.
- Tem iniciativa.
- É franco.
- É rápido.

Pontos fracos

- Pode causar medo.
- Pode não ouvir os outros.
- Pode ser precipitado.
- Pode ser desorganizado.

Modelo de mundo auditivo

As pessoas auditivas darão mais valor à lógica do que à rapidez ou aos sentimentos. Interagem melhor por meio das palavras ouvidas ou lidas. Repetem para si mesmas o que escutam e com isso demoram mais tempo para responder perguntas ou a reagir a estímulos externos.

Procuram tomar decisões com base em dados exatos e, por isso, sentem-se mais confortáveis ao lidar com tarefas do que com pessoas. Normalmente gostam de seguir normas, aprendem melhor ouvindo do que vendo ou executando algo. Esse estilo se reflete em seu modo de falar, que tende a ser mais pausado, pois faz frequentes verificações sobre suas conversas internas. Pensa bastante antes de responder, reagir ou decidir.

No trabalho, costuma se destacar pelo rigor técnico, preferindo ambientes silenciosos e organizados. Por isso, muitos auditivos preferem chegar ao trabalho mais cedo ou permanecer depois do horário.

Pontos fortes

- É racional.
- É organizado.
- É cuidadoso.
- É bom ouvinte.

Pontos fracos

- Pode parecer frio.
- Pode ser lento.
- Pode se isolar.
- Pode parecer antipático.

Modelo de mundo sinestésico

Os sinestésicos interpretam o mundo pelo contato físico e pela emoção. Dão menos importância às informações, que atraem o visual (rapidez) e o auditivo (lógica).

São extrovertidos, adaptam-se rapidamente a qualquer ambiente, mesmo que nunca o tenham frequentado antes. Aprendem melhor fazendo do que vendo ou ouvindo. São os que mais conseguem relaxar em seus horários de lazer e reagem melhor a estímulos relacionados ao olfato, ao tato e ao paladar. Costumam também ser pessoas criativas e intuitivas.

Para apresentar uma mensagem a pessoas sinestésicas, deve-se usar argumentos que criem um vínculo emocional. No trabalho, tendem a agir de acordo com os sentimentos pessoais até para realizar tarefas técnicas.

Em geral, pessoas sinestésicas têm sucesso profissional em áreas que exijam alto grau de empatia, seja no papel de negociadores, seja para lidar com o público.

Pontos fortes

- É bom relações públicas.
- Facilita o trabalho em equipe.
- É criativo.
- É otimista.

Pontos fracos

- Pode ser superficial.
- Pode falar demais.
- Pode ser muito emotivo.
- Pode parecer ingênuo.

Teste seu modo de ver o mundo

Preencha o teste a seguir com base naquilo que você efetivamente é em seu cotidiano e não no que gostaria de ser. Marque de 1 a 5 a frequência com que esses comportamentos ocorrem em seu dia a dia.

Frequência

1. Quase nunca.
2. Poucas vezes.
3. Com frequência.
4. Quase sempre.
5. Sempre

Modelo 1

_____ Sinto a necessidade de fazer as coisas o mais rápido possível.

_____ Sou direto.

_____ Falo o que penso, mesmo que desagrade às pessoas.

_____ Apresso os outros.

_____ Faço várias tarefas ao mesmo tempo.

_____ Tenho dificuldade em lidar com pessoas lentas.

_____ Faço tarefas dos outros por não ter paciência de esperar que terminem.

_____ Não consigo parar quieto.

_____ Interrompo as pessoas, para completar ou terminar o que dizem.

_____ Sou mandão.

Soma 1 = ____

Modelo 2

_____ Sou discreto.

_____ Sou tímido.

_____ Sou um bom ouvinte.

_____ Faço uma coisa de cada vez.

_____ Sou organizado.

_____ Sou calmo.

_____ Sou pacífico.

_____ Penso antes de falar.

_____ Sou formal.

_____ Sou lógico.

Soma 2 = ____

Modelo 3

_____ Sou extrovertido.

_____ Adapto-me a qualquer ambiente.

_____ Emociono-me com facilidade.

_____ Sou criativo.

_____ Sou animado.

_____ Trato as pessoas com afeto.

_____ Sou falante.

_____ Sou popular.

_____ Adoro festas.

_____ Sou caloroso.

Soma 3 = ____

Resultado

Soma 1 = ____

Soma 2 = ____

Soma 3 = ____

Total = ____

Cálculo da porcentagem de cada aspecto

1. Soma 1 ____ x 100 = ____
   Dividido pelo total ____ = ____% de visual

2. Soma 2 ____ x 100 = ____
   Dividido pelo total ____ = ____% de auditivo

3. Soma 3 ____ x 100 = ____
   Dividido pelo total ____ = ____% de sinestésico

Interpretação do teste

Predominância visual

Quem tem 40% ou mais do modelo visual tende a apresentar as seguintes características:

- É impulsivo.
- É impaciente.
- Diz o que pensa.
- Tem ritmo rápido.
- É agressivo.

- Faz várias coisas ao mesmo tempo.
- É dominante.

Se a pessoa apresenta um percentual superior a 50% no modelo visual, enquadra-se em todas as características acima citadas de forma ainda mais intensa e, provavelmente, também demonstrará os seguintes comportamentos:

- Pode ser grosseiro.
- Pode ser intolerante.
- Pode ser insensível.
- Pode "explodir" por motivos banais.

Se o indivíduo tem cerca de 45% de modelo visual, 35% de modelo auditivo e 20% de sinestésico, significa que é rápido (lado visual) e consegue fazer as coisas de forma organizada (lado auditivo). Seu ponto fraco está na área relacional (lado sinestésico pouco desenvolvido).

Caso tenha cerca de 45% de modelo visual, 35% de modelo sinestésico e 20% de auditivo, será rápido (lado visual) e conseguirá construir bons relacionamentos (lado sinestésico). Seu ponto fraco será a desorganização e a falta de concentração (lado auditivo pouco desenvolvido).

Predominância auditiva

Quem tem 40% ou mais do modelo auditivo tende a apresentar as seguintes características:

- É organizado.
- É reservado.
- Prefere ouvir a falar.
- Costuma pensar bastante antes de responder.
- Evita ser o centro das atenções.
- É formal.
- Prefere o silêncio.

Se a pessoa apresenta percentual superior a 50% no modelo auditivo, enquadra-se em todas as características anteriormente citadas de forma ainda mais intensa e, provavelmente, também demonstrará os seguintes comportamentos:

- Pode ser muito frio.
- Pode ser antissocial.
- Pode demorar muito a decidir.
- Pode ser muito desconfiado.

Se o indivíduo tem cerca de 45% de modelo auditivo, 35% de visual e 20% de sinestésico, será introvertido (lado auditivo), mas atuará de forma rápida (lado visual). Seu ponto fraco serão os relacionamentos (lado sinestésico pouco desenvolvido).

Se tem cerca de 45% de modelo auditivo, 35% de modelo sinestésico e 20% de visual, será tímido (lado auditivo), mas conseguirá manter relacionamentos (lado sinestésico). Provavelmente sua maior dificuldade será a lentidão (lado visual pouco desenvolvido).

Predominância sinestésica

Quem tem 40% ou mais do modelo sinestésico tende a apresentar as seguintes características:

- É falante.
- Tem facilidade para novos relacionamentos.
- Emociona-se com frequência.
- É sociável.
- É extrovertido.
- Toca nas pessoas enquanto conversa.
- É afetivo.

Se a pessoa apresenta um percentual superior a 50% no modelo sinestésico, enquadra-se em todas as características anteriormente citadas de forma mais intensa e provavelmente demonstrará também os seguintes comportamentos:

- Pode falar demais.
- Pode ser indiscreto.
- Pode ser "grudento".
- Pode ser muito sensível às críticas.

O indivíduo que tiver cerca de 45% de modelo sinestésico, 35% de visual e 20% de auditivo é sociável (lado sinestésico) e rápido (lado visual). Seu ponto fraco é a desorganização (lado auditivo pouco desenvolvido).

Se tem cerca de 45% de modelo sinestésico, 35% de auditivo e 20% de visual, será sociável (lado sinestésico) e organizado (lado auditivo). Seu ponto fraco será a lentidão (lado visual pouco desenvolvido).

Como viver melhor nos três mundos

É importante que cada pessoa compreenda que os outros têm ritmos e sentimentos diferentes dos seus. A sugestão é: para evitar conflitos desnecessários, adapte-se momentaneamente ao modelo das outras pessoas.

Se for lidar com uma pessoa auditiva, seja menos impaciente. Ao lidar com visuais, decida mais rápido. Ao lidar com sinestésicos, não seja tão formal. A seguir, veremos mais detidamente como lidar com cada um.

Sendo visual

Entenda que sua dominância, ansiedade e impaciência não mudarão significativamente por serem características estruturais da personalidade. Entretanto, o bom senso manda controlar-se em algumas situações. Tente não ser tão impaciente e intolerante consigo e com os outros! Aumentar sua flexibilidade é ajustar o acabamento.

As pessoas visuais se dão bem em tarefas que exijam desafios e pressão por resultados em curto prazo e uma atuação mais agressiva e dinâmica em seu dia a dia.

Em geral, esse estilo tem pouco a ver com trabalhos que demandem concentração, paciência e organização. Visuais também deveriam evitar funções que exijam tratamento caloroso e diplomático com o público. Preferem dizer as coisas de forma direta, tendo de tomar cuidado para não parecerem grosseiros. Visuais extremos têm dificuldade em se relacionar com pessoas de ritmo mais lento ou com os mais emotivos.

Convivendo com um visual

Se você precisa conviver ou negociar com uma pessoa visual, seja objetivo e vá diretamente ao ponto principal da conversa.

Quando a pessoa estiver falando, evite interrompê-la. Espere uma pausa para depois falar. Não considere a impaciência dela como algo negativo. Mostre que você pode resolver as coisas de forma ágil, sendo rápido e demonstrando segurança.

Se for lidar com visuais extremos, prepare-se para ser ainda mais direto e objetivo. Não se ofenda com a intolerância que vierem a demonstrar. Normalmente, não é nada pessoal, já que costumam agir assim com todo mundo.

Sendo auditivo

As características da personalidade de uma pessoa auditiva podem ser mais bem aproveitadas dependendo de como são usadas. Sua lógica apurada, seu perfeccionismo e sua tradicional frieza não vão mudar muito porque são características estruturais. Essas pessoas serão mais produtivas em ambientes em que a organização, a paciência e a concentração sejam valorizadas. Trabalhar com atendimento ao público, na maioria das vezes, será difícil para elas.

Se você se classifica como auditivo extremo (acima de 50%), use isso a seu favor! Atue em ambientes nos quais a qualidade seja mais importante do que a rapidez e onde construir relacionamentos não seja essencial.

Convivendo com um auditivo

Procure apresentar as propostas por escrito e detalhe os assuntos ao máximo. Quando os auditivos estiverem falando – o que é raro –, estimule-os fazendo perguntas e tenha paciência para esperar as respostas. Não considere seu silêncio como algo negativo. Dê tempo para que pensem e evite pressioná-los por reações rápidas.

Se for lidar com auditivos extremos, prepare-se para ser ainda mais paciente e formal, pois eles costumam demorar bastante para decidir. Sua frieza, normalmente, não é pessoal, mas simplesmente sua maneira de se relacionar com o mundo.

Sendo sinestésico

Os sinestésicos enturmam-se em qualquer lugar e fazem amizades rapidamente. São os que melhor promovem festas e comemorações. Esse excesso de afetividade e a extroversão não vão mudar muito porque são características estruturais.

Suas habilidades sociais devem ser aproveitadas para gerar boas negociações. Devem priorizar trabalhos em que os relacionamentos são mais importantes do que a rapidez ou a organização. Devem evitar trabalhos em que haja necessidade de muita concentração e ambientes sérios e formais. Quanto mais alta a sinestesia, maior a facilidade – e necessidade – de lidar com o público.

Convivendo com um sinestésico

Quando o sinestésico estiver falando, complemente suas ideias e, se possível, pontue seus argumentos com afeto. Procure demonstrar atenção e torne a conversa pessoal.

Atenção: não considere o excesso de intimidade dele como algo negativo, nem se ofenda com seu jeito "espaçoso" ou muito informal. O calor humano é o ponto mais marcante de sua personalidade.

Aplique seu conhecimento sobre os modelos de mundo

Se você preencheu corretamente o questionário, terá em mãos o resumo de uma parte importante de sua personalidade, já que essas características o acompanharão pelo resto da vida.

Ao dominar essa teoria, você terá uma ferramenta poderosa para se entender mais e se relacionar melhor com os outros, tanto na vida pessoal como no ambiente profissional.

É importante compreender que, com sua neuroplasticidade – a capacidade do cérebro de se adaptar a diferentes situações – mais bem treinada, você poderá adaptar-se a qualquer um dos modelos em cerca de dez a vinte pontos percentuais, para mais ou para menos.

Significa que, se você tiver 40% do modelo sinestésico, poderá transitar na faixa de 20% a 60% desse modelo e depois de alguns minutos voltar para sua zona de conforto mental, que é – neste exemplo – 40%. Dominar essa capacidade de ajuste contribuirá muito nos diversos desafios que encontrar no cotidiano.

Se você, por exemplo, negocia com muitas pessoas, terá maior facilidade em adaptar-se ao modelo de cada cliente que, se for visual, exigirá objetividade e rápida apresentação de argumentos. Se for auditivo, o ritmo do diálogo terá de ser mais lento, as demonstrações serão mais técnicas e a argumentação será mais lógica. Se a pessoa for sinestésica, será mais bem convencida por argumentações que envolvam emoções.

Para liderar uma equipe de trabalho, o raciocínio é idêntico. Sintonize-se na frequência de cada subordinado.

Coloque-se no lugar do outro

Mesmo quem nunca ouviu falar nos modelos de mundo provavelmente já usava inconscientemente a habilidade de se aproximar psicologicamente de outras pessoas. Essa capacidade se deve às células nervosas especiais chamadas *neurônios-espelhos*. Eles atuam quando realizamos um determinado movimento, mas também quando observamos alguém realizar qualquer ação.

A descoberta desse mecanismo indica que fazemos mentalmente aquilo que vemos alguém fazer e que podemos sentir o que outras pessoas sentem. É o conhecimento desse mecanismo que propicia a base biológica para a empatia, que é a habilidade de se colocar no lugar de outras pessoas. Ela nos ajuda a compreender as razões que levam alguém a fazer coisas que jamais faríamos, como, por exemplo: passar horas praticando determinado esporte que você detesta; valorizar o status, enquanto você não se importa com isso; gastar o que não tem ou, então, economizar sem precisar.

Tudo o que o indivíduo faz e sente está relacionado a seu histórico de vida. Compreender como funciona mentalmente uma pessoa aumenta muito seu poder de persuasão, que começa com a capacidade de ouvir e não com a de falar.

Portanto, não importa se sua configuração dominante é visual, auditiva ou sinestésica, pois será possível desenvolver novas sinapses relacionadas aos neurônios-espelhos e, com isso, aprimorar sua empatia. Interpretar o que o outro sente e adaptar de dez a vinte pontos percentuais para ficar mais parecido com outra pessoa é aperfeiçoar o acabamento sem precisar mexer na estrutura.

Aumentar a empatia melhora o jogo de cintura, que aumenta a inteligência emocional, que reforça o ego.

Os modelos de mundo são um assunto bastante interessante, mas só explicam uma parte da personalidade. No próximo capítulo, estudaremos as inteligências múltiplas e a Janela de Johari para interpretar outros aspectos de sua personalidade.

CAPÍTULO 8

AS FERRAMENTAS DO APRIMORAMENTO

Além dos três modelos de mundo, existe outra abordagem científica que ajuda a compreender como as pessoas usam seus talentos. Ela é chamada de *teoria das inteligências múltiplas* e foi desenvolvida por Howard Gardner.

Os estudos de Gardner convergem com as conclusões da maioria dos neurocientistas, quando ele afirma que "nossa genética define um limite para o desenvolvimento de nossas inteligências, mas nossas conquistas são fortemente influenciadas pelos valores de nossa família e pela cultura do meio em que vivemos".

A tese de Gardner causou um grande impacto, pois, até o lançamento do seu livro *Estruturas da mente,* para a maioria das pessoas a inteligência era uma característica atribuída apenas a pessoas de alto QI. Segundo Gardner, esse era um conceito equivocado, pois não existe apenas uma, mas pelo menos oito inteligências ou talentos, e cada uma delas contém subinteligências. Seus estudos mostravam que as pessoas são habilidosas de diferentes formas e nem todos aprendem da mesma maneira. "A competência humana seria mais bem descrita como um conjunto de capacidades, talentos ou habilidades mentais que chamamos de inteligências." Todas as pessoas têm cada um dos oito talentos, mas em diferentes combinações e intensidades.

Os oito tipos de inteligência

Os oito tipos de inteligência começam a se manifestar entre os 3 e os 6 anos, o que significa que, quanto antes os pais proporcionarem aos filhos oportunidades de aprimoramento, mais desenvolvidas se tornarão.

No adulto, o sucesso pessoal e profissional dependerá do grau de dedicação e esforço para desenvolver essas inteligências e o modo como o indivíduo as utiliza.

1. Inteligência corporal

É a capacidade de utilizar o corpo para se expressar ou para atividades artísticas. Essa inteligência aparece em atores, bailarinos, mímicos, comediantes. Pessoas que usam a expressão corporal para encantar e entreter, como artistas de rua que, na maioria das vezes, não são famosos. Isso também vale para aquele amigo engraçado que em todas as festas faz performances e conta piadas divertidas. Também possuem essa inteligência as pessoas que têm habilidade e destreza no uso das mãos, como artesãos, cirurgiões e os que usam o corpo para executar seus trabalhos.

2. Inteligência espacial

É a habilidade para interpretar o posicionamento de objetos. Essas pessoas conseguem prever um movimento milésimos de segundo antes das outras. É o caso de jogadores de futebol, vôlei, basquete, beisebol, tênis e vários outros esportes que têm relação com a bola em movimento.

Além dos atletas, essa inteligência é comumente encontrada em pessoas que pensam de maneira tridimensional, como pintores, desenhistas e arquitetos. Também são dotados dessa inteligência os pilotos e os navegadores com grande senso de orientação.

3. Inteligência linguística

É a habilidade de utilizar a linguagem para se expressar. Algumas pessoas possuem grande articulação verbal e conseguem se comunicar de modo claro e convincente na forma falada; outras pessoas conseguem usar essa capacidade escrevendo. Aqui estão inseridos os grandes escritores, poetas, oradores, vendedores, negociadores, relações públicas, professores e aqueles que têm facilidade para aprender idiomas.

4. Inteligência naturalista

É o talento para analisar os fenômenos da natureza, identificando, classificando e compreendendo os sistemas naturais. Aqui se enquadram cientistas que estudam a natureza, ecologistas, agrônomos, veterinários, técnicos de laboratório, meteorologistas, físicos, geólogos, astrônomos e químicos. Essa é a inteligência mais encontrada nos povos que habitam as florestas e que delas tiram seu sustento.

5. Inteligência musical

Manifesta-se por meio da habilidade para interpretar ou reproduzir uma peça musical. Inclui a percepção de diferentes sons, a sensibilidade para se adaptar a diferentes ritmos, a habilidade para tocar instrumentos ou para cantar. Aqui entram os compositores e artistas famosos, mas também os músicos diletantes. A maioria dos cantores hoje famosos ficou anos se apresentando em garagens, bares e festas antes de emplacar o primeiro sucesso.

6. Inteligência lógico-matemática

É atributo de pessoas que têm grande inteligência cognitiva. Chegam a conclusões baseadas em dados numéricos e na razão. Têm facilidade em explicar as coisas utilizando fórmulas, números e estatísticas. É comum nos indivíduos que raciocinam com extrema rapidez. Aqui entram os matemáticos, gestores e financistas que têm muita facilidade para lidar com decisões complexas em pouco tempo.

7. Inteligência intrapessoal

Pessoas com essa inteligência têm a capacidade de se autoconhecer, bem como atitudes capazes de melhorar sua vida, assim como a de outras pessoas. São normalmente mais reservadas, meticulosas, críticas e que se analisam muito bem. É gente que avalia e interpreta cada pensamento, cada sentimento e disso tira proveito. São indivíduos que podem ajudar outros a se conhecerem, pelo exemplo ou pela experiência. São os analistas, psicólogos, psiquiatras, teólogos e consultores que atuam como guias.

8. Inteligência interpessoal

Trata-se da capacidade que um indivíduo tem para analisar o estado de espírito, as motivações, as intenções e os desejos de outras pessoas. Consegue também estabelecer com grande habilidade redes de relacionamentos e interpreta a personalidade de pessoas estranhas de forma quase imediata. Possui grande empatia, presença de espírito e flexibilidade para se adaptar aos mais diferentes ambientes com desenvoltura. Aqui entram os gestores carismáticos, técnicos de atividades esportivas e negociadores empáticos.

"Essas oito inteligências sempre funcionam combinadas, e qualquer papel adulto sofisticado envolverá uma fusão de várias delas", complementa Gardner. Isso significa, por exemplo, que um violinista para ser bem-sucedido precisaria, além da inteligência musical, da capacidade de relacionar-se bem com a plateia (inteligência interpessoal) e do bom senso de escolher os melhores rumos para sua carreira (inteligência intrapessoal).

Um presidente de empresa, além da inteligência lógico-matemática, terá as inteligências intra e interpessoal bem desenvolvidas. Um professor excelente reunirá provavelmente, além da inteligência linguística, a inteligência interpessoal.

Pode também ocorrer que um indivíduo não tenha nenhuma das oito inteligências em alto grau, mas, em virtude da combinação ou mistura de cinco ou seis dessas capacidades, possa ser muito bem-sucedido em sua área de atuação.

QI e QE

O QI, ou inteligência lógico-matemática, e o QE, ou inteligência emocional, são duas inteligências tão importantes que merecem ser tratadas à parte.

E, já que um dos grandes objetivos deste livro é melhorar a compreensão do que é o acabamento e aprender como usá-lo com mais intensidade, é fundamental apresentar a diferença entre as habilidades cognitivas e as habilidades não cognitivas.

O QI, como vimos, até poucos anos atrás era o maior indicativo de pessoas com alto grau de inteligência. A soma das inteligências intrapessoal e interpessoal descreve as características de alguém que tenha um grande QE.

Pessoas com alto QI aprendem quase sem estudar, fazem cálculos complicados mentalmente, leem com muita rapidez e têm memória fotográfica. "Uma pessoa com um QI alto tem uma grande habilidade cognitiva, adapta-se bem ao mundo do intelecto, mas pode ter profundas dificuldades em lidar com o mundo das pessoas", afirma o psicólogo Daniel Goleman, autor do livro *Inteligência emocional*.

Ainda segundo Goleman, as pessoas com alto QE possuem algumas habilidades não cognitivas e conseguem:

- Entender os sentimentos alheios.
- Utilizar diferentes formas para resolver problemas.
- Ter consciência de seus próprios sentimentos.
- Avaliar ações e suas consequências.
- Lidar bem com frustrações.
- Identificar seus pontos fortes e fracos.
- Saber o momento de opinar.
- Sentir orgulho de si.
- Reconhecer seus erros.

Perceba como a descrição do QE de Goleman tem muita similaridade com as principais funções do ego fortalecido, segundo a teoria freudiana, e com a soma das inteligências intrapessoal e interpessoal, conforme Gardner.

O indivíduo com altíssimo QI e baixo QE geralmente é o primeiro aluno da turma, mas quase não tem amigos e, depois de formado, não consegue se adaptar à maioria dos empregos porque só aceita fazer as coisas do jeito dele. O baixo QE faz com que se sinta incompreendido e, por isso, passa a viver isolado em seu universo. São os gênios frustrados.

A pessoa com alto QE e baixo QI vai mal na escola, mas consegue trabalho, pois tem muito jogo de cintura. Como não gosta muito de estudar, costuma limitar seu crescimento profissional.

Vou contar três histórias que exemplificam essa questão.

Caso 1

Conta-se que um campeão mundial de xadrez perdeu o passaporte em um aeroporto e tentou embarcar mesmo sem ele. Como isso é proibido, ficou nervoso, gritou com as atendentes da companhia aérea e brigou com os outros passageiros da fila. A Polícia Federal foi chamada, mas ele desacatou os policiais e acabou preso. Esse é o típico caso em que o QI não valeu para nada, pois o QE era muito baixo.

Caso 2

Há alguns anos, conheci três empresários que pescavam todos os anos no Pantanal, conduzidos sempre pelo mesmo guia. Naquela ocasião, resolveram adquirir uma casa, em Corumbá, a maior cidade da região, para presentear aquele senhor que os servira nos últimos trinta anos e que residia em um casebre isolado, nos cafundós do Pantanal sul-mato-grossense.

Por acaso, eu estava por perto quando chamaram o guia para dar-lhe a boa notícia. O homem ouviu, pensou um pouco, e deu-se o seguinte diálogo:

"Há quanto tempo vocês vêm aqui?", perguntou o guia.

"Há mais de trinta anos", respondeu um dos pescadores.

"Quantos dias vocês pescam por ano?"

"Uma semana por ano, todos os anos", devolveu outro empresário.

"Quanto vocês gastam em cada pescaria?"

"Entre avião fretado, barco, equipamento... É bastante dinheiro", disse o terceiro.

"Por que vocês só contratam a mim como guia?"

"Porque você é o melhor; o que mais conhece a região, nos deixa seguros, tem jogo de cintura e ainda é um grande contador de 'causos'."

"Então tá, eu só queria entender", disse o homem. "Vocês gastam um monte de dinheiro, demoram meses planejando a viagem, passam um ano inteiro se matando de trabalhar para poder passar uma semana pescando. Eu faço isso todos os dias! Tenho 70 anos, não sei ler nem escrever, mas ninguém se vira tão bem com turistas quanto eu. Não quero saber de uma casa onde não estou acostumado. Se quiserem me recompensar, me deem um barco novo."

Os três empresários se entreolharam e riram. Compraram o barco que ele queria e deixaram agendada a próxima pescaria.

Caso 3

Ao conduzir um processo de seleção para contratar dez trainees entre centenas de candidatos, na cidade de São Paulo, uma candidata se destacou. Ela morava em uma favela e trabalhava em frente a uma universidade vendendo cachorro-quente, atividade em que se revezava com a mãe. Passou no vestibular dessa mesma universidade e conseguiu uma bolsa de estudos integral. Entretanto, sua mãe ficou doente, ela foi obrigada a vender o carrinho e conseguiu emprego em uma casa de bingo, que acabou fechando as portas.

Em nenhum momento da entrevista ela se fez de vítima e seu estilo era assertivo e sóbrio. Os contratados seriam treinados para vender um software bastante complexo, a remuneração equivalia a três salários mínimos e o período de treinamento seria de seis meses, com provas e avaliações semanais. Somente os aprovados no treinamento seriam contratados pela empresa e, a partir de então, passariam a vender e receber comissões que possibilitariam ganhos até dez vezes maiores que como trainees.

Ela foi contratada e, apesar de não possuir nenhuma experiência na área nem um alto QI, terminou o programa de treinamento na metade do tempo previsto, com excelente desempenho e, com menos de um ano, foi promovida a instrutora para treinar um grupo de novos trainees. O alto QE fez a diferença.

Provavelmente você deve estar pensando: "Certo! O bolo parece apetitoso, mas qual é a receita? É possível fortalecer meu ego e aumentar minha inteligência emocional?". Vamos lá.

O QI tem forte componente genético e é aperfeiçoado com estímulos cognitivos entre 3 e 8 anos. Um adulto pode aprender novas profissões e adquirir novas habilidades técnicas, mas não aumenta significativamente seu QI.

Já o QE, apesar de também ter um componente genético, se molda com hábitos, ensinamentos e exemplos aprendidos durante a infância, mas continua a aumentar durante toda a vida. Para um adulto é muito mais viável desenvolver o QE do que o QI.

A Janela de Johari: como nos vemos e somos vistos

Como já vimos, o ser humano distorce suas percepções para sentir-se mais competente do que na verdade é. A maioria das pessoas tende a exagerar suas habilidades e a não reconhecer suas falhas. Isso leva o indivíduo a ver o mundo não como ele é, mas como gostaria que fosse. O gênio da publicidade David Ogilvy dizia que "comunicação não é o que você diz, mas o que o outro entende". Sua imagem, portanto, não é a que você projeta, mas a que os outros enxergam.

Uma boa maneira de diminuir essas distorções é usar a *Janela de Johari*. Trata-se de uma ferramenta que ajuda a conceituar o processo de percepção de um indivíduo em relação a si mesmo e aos outros.

Fonte: Adaptada de FRITZEN, 1996.

Figura 2 Janela de Johari

A arena (A)

A janela da arena está representada no quadrado superior esquerdo da Figura 2. Nela se encontram os comportamentos conhecidos pela própria pessoa e por aqueles que com ela convivem. Nessa janela, portanto, estão as características de sua personalidade que são de conhecimento público.

A arena aumenta de tamanho à medida que cresce a confiança entre a pessoa e seu grupo de trabalho ou entre ela e seu círculo íntimo. Quanto mais informações forem compartilhadas, maior será a arena.

Qualquer profissional deveria aumentar sua arena no ambiente de trabalho, pois seus talentos ficarão mais evidentes e poderão ser mais bem utilizados tanto pelo indivíduo como pela empresa. Os pontos negativos também ficarão expostos, dando oportunidades de ajustes no acabamento. Quando a arena (Figura 3) é maior que as outras janelas, dificilmente a pessoa é subaproveitada ou superestimada profissionalmente.

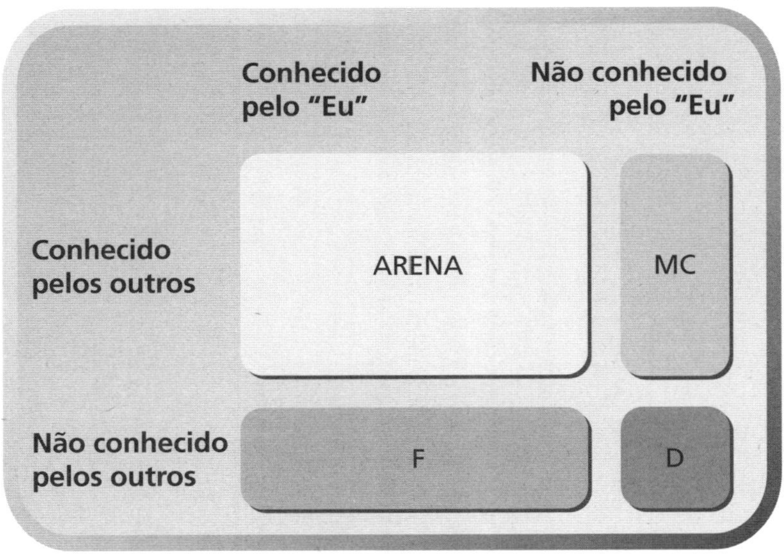

Fonte: Adaptada de FRITZEN, 1996.

Figura 3 Janela "Ideal" (cotidiano)

O emprego perfeito?

Uma amiga minha certa vez passou em um concurso extremamente concorrido para trabalhar em uma empresa pública. Com isso, obteve bom salário, estabilidade no emprego, aposentadoria integral, muitos treinamentos, previdência complementar etc.

Seria o emprego perfeito? Não para todo mundo. Após alguns meses ela se sentia insatisfeita e concluiu que o trabalho exigia menos desafios do que esperava encontrar. A partir dessa reflexão, ela começou um processo de autoanálise para decidir qual seria a profissão ideal para alguém como ela. Fez sessões de *coaching*, pediu a opinião de quem a conhecia bem, estudou os prós e contras e decidiu demitir-se para abrir uma empresa de consultoria.

A convicção dela, e de quase todos que a conheciam, estava baseada em sua arena e na ideia de que a chance de sucesso como consultora seria muito grande. Passados alguns anos ela está realizada profissionalmente, trabalhando por conta própria. O autoconhecimento a ajudou a tomar essa difícil decisão, mas também foi determinante o fato de que as qualidades que possuía eram reconhecidas por muitas pessoas que a ajudaram a tomar uma decisão tão importante.

A mancha cega (MC)

A janela da mancha cega está representada no quadrado superior direito, na Figura 2. Nela estão as informações que são ignoradas pela própria pessoa, mas conhecidas por quem com ela convive. Ali estão os comportamentos que o indivíduo não percebe ou não admite ter.

A mancha cega é a mais complexa das quatro janelas porque a pessoa não se dá conta do impacto que seus comportamentos causam.

Quando uma pessoa participa de um grupo de trabalho, por exemplo, costuma exibir comportamentos dos quais não tem consciência, mas que são facilmente percebidos pelas pessoas que a observam. Essas informações estão geralmente relacionadas à maneira de agir e expor opiniões. Comportamentos como a teimosia, a chatice, a arrogância, a grosseria, entre outros, costumam fazer parte da mancha cega.

Quanto maior a mancha cega (Figura 4), piores serão as perspectivas profissionais.

Fonte: Adaptada de FRITZEN, 1996.

Figura 4 A supermancha cega

A melhor maneira de diminuir essa janela seria pedir feedbacks sinceros de sua equipe de trabalho e analisá-los como caminho para se conhecer melhor. Reconhecer uma crítica não significa mudar a personalidade, mas compreendê-la.

Por exemplo: ao coordenar programas de sucessão familiar, percebo que, na maioria dos casos, o fundador da empresa não se preparou emocionalmente para "passar o bastão". A mancha cega os atrapalha muito. Eles dão o cargo, mas retêm o poder, pois interferem nas atividades mais corriqueiras, desautorizam decisões tomadas pelo sucessor e acabam gerando uma situação de duplo comando, já que o novo gestor detém o cargo, mas não consegue comandar, pois o fundador continua a fazer tudo do jeito dele.

Para obter êxito no processo de sucessão, analiso com profundidade a personalidade tanto do rei como do príncipe herdeiro e, quando concluo que há condições estruturais para que o processo continue, sugiro que seja feito um pacto de gestão, com um contrato contendo os direitos e deveres do novo comandante, estipulando um prazo para que o antigo presidente entregue o comando formal da empresa. Terminado o período de transição combinado, o presidente sai da gestão, que passa de fato para as mãos do sucessor. Caso este não apresente os resultados contratualmente estipulados, será dispensado, como qualquer outro funcionário. Se os resultados estiverem dentro da margem prevista, a autonomia aumenta.

A verdade normalmente não agrada, mas dificilmente ofende. Quando as pessoas enxergam sua mancha cega, têm a oportunidade de decidir o que fazer com esses comportamentos, que, uma vez conhecidos, passam a fazer parte da arena.

Procurando um sucessor

Um empresário decidiu que o filho mais velho seria seu sucessor. Ele, muito grosseiro, inclusive com a própria família, por anos insistia para que o filho se preparasse para assumir o negócio.

O rapaz estudou no exterior e fez estágios em outras companhias, evitando a empresa da família com a desculpa de preparar-se melhor. Como o pai não conseguia a adesão do filho, contratou-me para identificar o problema. Conversando com o rapaz, que tinha 25 anos na época, percebi que ele não queria assumir o negócio da família por ter de conviver com o pai. Tinha o perfil (estrutura), as habilidades técnicas (acabamento), alguma experiência, mas decidiu que não trabalharia na empresa que um dia herdaria.

Isso foi uma enorme decepção para o pai, já que o rapaz nunca expusera de forma explícita suas divergências.

Para analisar melhor o contexto, reuni os dez executivos mais graduados da empresa para fazer uma avaliação profissional e pessoal do tal empresário. Resultado: todos o achavam genial na gestão financeira do negócio, mas insuportável no trato com as pessoas.

O fim dessa história? O filho acabou seguindo carreira em outra empresa. O empresário ainda demorou algum tempo até perceber o efeito que suas atitudes negativas causavam em outras pessoas e, aos poucos, com muita dificuldade, profissionalizou a empresa e foi para o conselho de administração.

A fachada (F)

A janela da fachada está no espaço inferior esquerdo da Figura 2 e representa as áreas da personalidade que o indivíduo conhece sobre si próprio, mas que não são conhecidas pelas pessoas com as quais convive. É na fachada que se encontram comportamentos que, pelos mais diversos motivos, a pessoa não quer que os outros conheçam. Essa atitude de esconder opiniões e pensamentos pode ter relação com o medo de que, se o grupo conhecer esses comportamentos, poderá rejeitá-la ou atacá-la de alguma forma.

É na fachada que está a intenção de controlar ou manipular os outros. Por exemplo: a pessoa se mostra compreensiva e calorosa, com o objetivo de conquistar a confiança de alguém e depois usar essas informações para ameaçá-la.

Pessoas muito introvertidas quase certamente terão uma fachada bastante grande (Figura 5), não porque tenham algo a esconder, mas porque são bastante discretas.

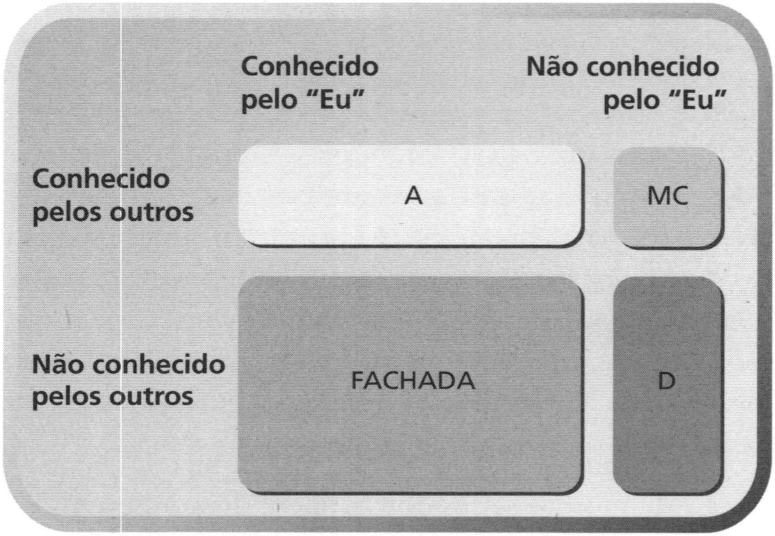

Fonte: Adaptada de FRITZEN, 1996.

Figura 5 A superfachada

Os riscos da omissão

Em certa ocasião, acompanhei um processo de seleção para o cargo de gerência administrativa em uma determinada companhia. Surgiu uma candidata com ótimo currículo, referências excelentes e dez anos de experiência em uma mesma empresa. Foi admitida, mas três meses após sua contratação estava a ponto de ser dispensada já que não opinava, não participava de forma ativa nas reuniões e evitava tomar decisões. Tivemos uma conversa franca em que expus o problema e perguntei o que estava acontecendo. Ela me disse que estava tentando ser discreta nos primeiros meses para evitar conflitos, pois achava que teria anos para mostrar seu real estilo. Ledo engano, já que jogar muito tempo na fachada é um péssimo negócio.

O desconhecido (D)

A janela do desconhecido é a área da parte inferior direita na Figura 2 (veja página 108). Representa fatores da personalidade de que a pessoa não tem consciência e que os demais ao seu redor também desconhecem. É o quadrante das motivações inconscientes. Essa área representa o "desconhecido" ou o "inexplorado" e poderá compreender potencialidades latentes e recursos por descobrir. Podem estar no desconhecido tanto forças como fraquezas.

O grande objetivo de abordar as Janelas de Johari é reforçar a importância do autoconhecimento. Aumentar a arena não significa mudar a estrutura, apenas posicionar-se de forma mais transparente para melhorar o acabamento.

Nesses anos todos de carreira, tenho percebido que é muito difícil nos conhecermos bem sem ouvir a opinião – às vezes crítica – dos outros a nosso respeito. O grande desafio é saber interpretar de forma construtiva esses feedbacks.

CAPÍTULO 9

COMO USAR MELHOR O QUE VOCÊ JÁ TEM

Pequenos sucessos, como um elogio público do chefe, produzem uma sensação de alegria e situações desagradáveis, como ser repreendido, por exemplo, causam períodos de mal-estar. No entanto, o nível geral de satisfação ou insatisfação acaba voltando para uma linha de referência padrão, que varia de pessoa para pessoa. Isso vale para um novo relacionamento, um aumento de salário ou uma aquisição importante. Qual sua sensação após comprar um carro? Êxtase? Prazer? Orgulho? Quanto tempo dura essa euforia? Para algumas pessoas, dias; para outras, semanas. Da mesma forma, um desentendimento com um colega ou uma briga no trânsito podem deixá-lo de péssimo humor por um período maior ou menor.

Isso acontece porque temos um "termostato mental" que, automaticamente, regula a sensação de felicidade ou de infelicidade para um patamar relativamente constante. Os psicólogos chamam esse processo de adaptação sensorial. Essa tendência de sempre voltar para o mesmo nível de satisfação não se limita a acontecimentos rotineiros e acontece mesmo sob condições mais extremas, de sucesso ou sofrimento. Uma superpromoção ou uma demissão inesperada deixaria qualquer um feliz ou arrasado. Seu termostato mental – sua configuração sináptica –, porém, vai levá-lo de volta ao mesmo patamar de antes, no máximo em alguns meses.

Isso quer dizer que a maioria das pessoas está mentalmente "programada" para voltar sempre para o mesmo lugar.

Qualquer que seja o nível de felicidade conferido por sua configuração mental, sempre haverá a oportunidade de aumentar a sensação de bem-estar, pois esta é, em grande parte, determinada pelo modo com que você reage às situações boas ou ruins e, principalmente, como você melhora seu acabamento no dia a dia.

Todas as teorias apresentadas até aqui visaram ajudá-lo a compreender melhor seu mapa mental. A partir de agora você conhecerá ferramentas específicas para sistematizar seu aprimoramento profissional e pessoal. Em resumo, diria que são necessários três passos para alcançar resultados consistentes:

- **Autoconhecimento** – Analise suas forças e fraquezas. Saiba diferenciar o que é estrutura e o que é acabamento.

- **Autoaceitação** – Só consegue mexer no acabamento a pessoa que se aceita como é.

- **Compromisso consigo próprio** – O negócio é agir, traçar metas para mudanças necessárias e cumpri-las com determinação.

Aumente seu autoconhecimento

As sessenta perguntas apresentadas a seguir foram preparadas para organizar seu processo de autoconhecimento. Quanto você tem de arena, mancha cega e fachada? Para isso, sugiro que as perguntas sejam respondidas por escrito e que essas respostas sejam comparadas com a opinião de pessoas que o conheçam bem.

É importante lembrar que seu passado mostra muito daquilo que você é e aponta tendências, já que sua personalidade tem uma base previsível.

Todo indivíduo deixa um rastro, uma maneira de ser. É por isso que as respostas ajudarão no prognóstico sobre parte de seu futuro e permitirão que você pense nas mudanças que gostaria de encontrar nele.

Para as empresas vale o mesmo raciocínio. Repito a meus clientes até ficar rouco que a principal atividade de um presidente, diretor, gestor ou dono de empresa deveria ser a de investir no mínimo 30% de seu tempo contratando, treinando e avaliando pessoas.

Esse tempo seria bastante útil na hora de promover ou demitir um funcionário, mas principalmente aumentaria sua capacidade de aproveitar o que as pessoas têm de melhor e assim incrementar a produtividade e o lucro das empresas.

Veja a seguir o teste de autoconhecimento. As primeiras dez perguntas servirão como uma breve revisão a respeito das teorias apresentadas até aqui e como base para você responder mais facilmente às perguntas restantes. Se não lembrar, sugiro que leia novamente o texto referente ao assunto perguntado, respondendo, porém, com suas próprias palavras.

Verifique seu entendimento

1. O que é personalidade?
2. O que é estrutura e o que é acabamento? Cite exemplos seus.
3. O que são instintos?
4. O que são sinapses?
5. É possível moldar a personalidade de um recém-nascido? Como?
6. Quais são as oito inteligências múltiplas? Qual(is) você possui?
7. Explique o que são id, ego e superego.
8. Qual é a diferença entre QI e QE?
9. Explique os três modelos de mundo. Cite cinco pessoas que você conheça que tenham "modelos extremos".
10. Explique as quatro Janelas de Johari.

Questões de autoconhecimento

1. Como foi sua infância?
2. O que você mais gostava de fazer quando era criança?
3. O que você menos gostava de fazer quando era criança?
4. Qual pessoa é sua referência profissional? Por quê?

5. Qual pessoa é sua referência de vida? Por quê?
6. Que assuntos você aprende rápido?
7. Que assuntos você demora para aprender?
8. Quantas vezes por mês você perde a compostura?
9. Como é seu networking (rede de relacionamentos)?
10. Sobre que assuntos você lê?
11. Quais os últimos dez livros que você leu?
12. Quantas horas, em média, você estuda (em casa) por semana?
13. Quais são seus hobbies?
14. Como você lida com o estresse e a pressão?
15. Como é sua vida afetiva?
16. Quanto você bebe na semana?
17. Você fuma? Quantos cigarros por dia?
18. Como está sua forma física?
19. Que situações, fora do trabalho, mais o irritam?
20. Qual foi o trabalho mais frustrante de sua vida profissional? Por quê?
21. Qual foi seu trabalho mais chato? Por quê?
22. E o mais interessante? Por quê?
23. O que mais o motiva na vida atualmente?
24. O que mais o desmotiva?
25. Quais foram seus três piores erros profissionais?
26. Quais foram seus três piores erros na vida pessoal?
27. Quais foram seus três maiores sucessos profissionais?
28. Quais foram seus três maiores sucessos pessoais?
29. Com que tipo de pessoas você sente dificuldades em trabalhar? Por quê?

30. Com que tipo de pessoas você gosta de trabalhar? Por quê?
31. Quais são suas porcentagens dos modelos visual, auditivo e sinestésico?
32. Como você se relaciona com pessoas extremamente visuais?
33. Como você se relaciona com pessoas extremamente auditivas?
34. Como você se relaciona com pessoas extremamente sinestésicas?
35. Você se vê como um líder? Por quê?
36. Você prefere trabalhos rotineiros ou imprevisíveis? Por quê?
37. Você é organizado ou desorganizado? Dê exemplos.
38. Você tem senso de urgência? Descreva exemplos concretos.
39. Você é criativo? Explique.
40. Você é sonhador ou pé no chão? Explique.
41. Você gosta de assumir riscos? Que riscos assumiu?
42. Você é rígido ou flexível? Descreva exemplos.
43. Você gosta de falar em público? Por quê?
44. Você está satisfeito com o equilíbrio entre sua vida pessoal e profissional? Explique.
45. Você está satisfeito com o progresso em sua carreira? Explique.
46. Quais são seus talentos?
47. Como você os utiliza no momento?
48. Quais são seus principais pontos fracos?
49. Quanto eles o atrapalham?
50. O que você mudaria em seu acabamento?

Suas respostas serão o ponto de partida para você tomar seis grandes providências para "turbinar" sua carreira e vencer sendo você.

Aprimore suas forças

Um sujeito passou a noite inteira debaixo de um poste de luz, tateando no chão como se estivesse procurando algo. Um garçom, que observou a cena, no fim de seu turno foi até lá e perguntou, a fim de ajudá-lo:

"O que você está procurando?"

"Minha aliança de casamento", respondeu o sujeito.

"Você a perdeu debaixo do poste?"

"Não, eu a perdi em casa!"

"Mas se perdeu em sua casa, por que não procura por lá?", perguntou o atônito garçom.

"Porque aqui está claro e em minha casa está escuro."

Muita gente procura-se no lugar errado, pois gasta um tempo enorme tentando corrigir suas fraquezas profissionais e se dedica pouco a potencializar suas forças.

O mais renomado consultor de todos os tempos, Peter Drucker, afirmava há décadas que o conselho mais importante que ele poderia dar a um profissional seria: "Concentre-se em suas forças e coloque-se onde elas possam produzir desempenho e resultados. Qualquer um de nós tem pouquíssimas aptidões e um número infinito de áreas nas quais não temos o menor talento".

A maior prioridade na vida de quem quer evoluir profissionalmente deve ser descobrir quais são seus talentos e aperfeiçoá-los. "Concentre-se naquilo que você tem e não no que não tem". Centrar esforços nas atividades em que você já é bom será a maior ferramenta para o sucesso em sua vida profissional.

Uma boa definição de ponto forte ou talento é dada pelo escritor Geoff Colvin: "Talento é uma aptidão natural para fazer alguma coisa melhor que a maioria das pessoas".

Já vimos que o talento embutido na genética de cada pessoa não emerge, exceto em condições favoráveis. Pelé nasceu geneticamente equipado para se tornar um atleta fora de série, mas, se não jogasse futebol desde criança, o talento não teria emergido. Ainda assim ele passou toda sua carreira aprimorando sua genialidade futebolística.

Deixe suas fraquezas de lado

Pontos fracos profissionais são as áreas em que você tem pouca aptidão e mesmo quando tenta melhorar os resultados são pífios. Drucker também afirmava categoricamente: "É preciso muito mais trabalho e energia para passar da incompetência para a baixa mediocridade do que transformar talento em excelência".

Infelizmente a maioria das empresas e das pessoas gasta a maior parte do tempo tentando transformar um incompetente em um medíocre, quando deveriam usar seus recursos para transformar uma pessoa competente em um astro de desempenho.

Corrija seus pontos limitantes

Ponto limitante é um ponto fraco que realmente está prejudicando seu crescimento profissional. A timidez, por exemplo, só será um ponto limitante se a pessoa trabalhar no lugar errado!

Se uma pessoa tímida tem de se apresentar em público com frequência e sofre com isso, a timidez realmente torna-se um fator limitante. Se quiser continuar a exercer essa função, terá de fazer bons cursos de oratória para diminuir seu desconforto, mesmo sabendo que isso não vai transformá-la em uma grande oradora ou torná-la extrovertida. Um bom treinamento técnico vai ajudá-la a diminuir esse limitador e melhorar seu acabamento, já que a introversão é estrutural e não vai mudar muito.

O professor mais brilhante que já conheci era gago até os 25 anos. Convenhamos que a gagueira para quem quer dar aulas é um ponto limitante. Esse professor contou-me – e costuma comentar em público – que fez vários cursos de oratória, participou de aulas de teatro, teve sessões de fonoaudiologia e não sossegou enquanto não atenuou bastante esse limitador. Ele sempre foi intelectualmente brilhante (estrutura), ajustou o acabamento (diminuiu a gagueira), mas principalmente continuou aprimorando seus conhecimentos. Passados mais de trinta anos, ele continua aperfeiçoando o que já é excelente!

No entanto, atenção: a maioria das pessoas só consegue consertar um ponto limitante de cada vez, pois a energia e o tempo gastos serão enormes, dada a dificuldade de aprimorar tarefas para as quais não se tem talento. Por isso, quando alguém me diz que está em um trabalho ou uma profissão que exige ajustes de três ou mais pontos limitantes, meu conselho é simples: "Mude de emprego ou profissão, pois você está na função errada".

Trabalhe onde você rende mais

Se um profissional é tímido e trabalha a maior parte do tempo em tarefas que exigem muita concentração e pouco relacionamento pessoal, ele está no lugar certo. Uma pessoa muito auditiva tem poucas sinapses relacionadas à extroversão, mas, em compensação, consegue organizar em horas o que a maioria das pessoas com a mesma formação demoraria dias ou semanas.

Se alguém é muito visual, a rapidez e a objetividade, se adequadamente usadas, serão pontos fortes. Se for muito auditivo, a paciência e a organização são os seus talentos. Se uma pessoa for muito sinestésica, a sociabilidade e a empatia são seus diferenciais.

As pessoas renderão melhor em ambientes profissionais que propiciem a utilização de suas características estruturais mais marcantes.

Muitos comportamentos frequentemente criticados, se forem bem trabalhados, podem se transformar em talentos ao serem usados na profissão certa. Ser exigente, insistente, desconfiado, sistemático, mandão, falante ou curioso pode ser um talento. Ser desconfiado pode ser um ponto forte se o sujeito trabalhar em uma profissão em que a desconfiança seja um requisito importante, como é o caso de um auditor.

O problema é que muitas pessoas, por acharem que esses comportamentos são profissionalmente ruins, tentam mudá-los, gastando tempo e energia que deveriam ser usados para aperfeiçoá-los.

Aprimore-se tecnicamente

O autor Marcus Buckingham define técnica como "procedimentos de uma atividade que trazem estrutura ao conhecimento. Se você pretende melhorar seus pontos fortes, seja em vendas, marketing, análise financeira, aviação ou cirurgia cardíaca, vai precisar aprender e praticar as técnicas mais relevantes que estiverem disponíveis nessas áreas".

Em qualquer atividade, alguém inteligente vai analisar, estudar, formalizar e sistematizar o conhecimento em passos que possam ser seguidos por outra pessoa que pratique essa sequência.

Uma pessoa talentosa que não usa técnicas apuradas quase sempre é improdutiva ou pouco consistente, já que o talento exige aprimoramento para render o máximo.

É mais inteligente utilizar as melhores descobertas dos melhores profissionais do que inventá-las sozinho. Se trabalharmos em uma empresa ou profissão em que possamos usar nossos talentos naturais, será muito mais fácil, com o uso de boas técnicas, melhorarmos significativamente nosso desempenho.

Um introvertido pode ser um bom vendedor?

Há alguns anos, fiz treinamentos e sessões de *coaching* com a equipe de uma concessionária de automóveis que era referência em sua região. Um dos novatos me disse que gostaria muito de atuar como vendedor de automóveis, mas se sentia inseguro diante dos clientes por ser introvertido. Perguntei-lhe quais eram seus pontos fortes e depois de alguns dias ele veio com uma listinha:

- Adorava carros desde criança; conhecia tudo de mecânica e dominava o manual técnico de todos os automóveis fabricados pela empresa.
- Era extremamente organizado e meticuloso.
- Era excelente ouvinte.
- Era paciente.

Sugeri que ele exibisse seus conhecimentos! O mundo está cheio de vendedores extroverticos, mas poucos têm profundo conhecimento técnico dos produtos que vendem. A venda seria mais demorada, ele atenderia a poucos clientes, mas fecharia muitos negócios usando seu estilo mais técnico.

Esse rapaz continua no ramo, permanece sendo tímido, mas hoje é considerado um dos melhores vendedores de automóveis de sua região.

Um ponto limitante pode destruir uma carreira?

Outro exemplo: conheci uma gerente comercial dinâmica, rápida de raciocínio e bem relacionada. Entretanto, mesmo tendo ensino superior completo, seu ponto limitante era escrever muito mal – principalmente e-mails –, a ponto de ser motivo de chacotas na empresa. Ela me confessou que lia pouco e que, por ser muito impaciente, não checava o que escrevia. Sugeri três coisas:

- Ler no mínimo uma hora por dia (jornais, revistas, livros), o que melhoraria seu vocabulário
- Contratar um professor particular para ensinar-lhe regras gramaticais básicas.
- Ler duas vezes os e-mails antes de enviá-los.

> Usar melhor a gramática não a transformaria em grande escritora, mas a técnica seria suficiente para atenuar esse ponto limitante, dando chance para que seus talentos aparecessem. Ela seguiu meus conselhos e, de vez em quando, envia-me alguns e-mails notoriamente melhores que antes.

Tenha foco

O conhecimento humano está aumentando muito rapidamente. Há alguns anos, o consultor e professor Stephen Kanitz escreveu o seguinte comentário em um artigo: "Embora coletivamente o mundo esteja ficando mais inteligente, individualmente estamos ficando cada vez mais burros".

Um leitor voraz talvez consiga ler cerca de 2 mil livros durante a vida, o que já significa muita informação. Mas isso é uma gota no oceano se comparado aos mais de 40 milhões de livros catalogados ou às bilhões de páginas na internet. Como, então, decidir o que estudar com essa quantidade absurda de informações?

O ideal seria especializar-se em algo útil e saber muito sobre esse assunto. Acabou a era do generalista. Aquele que sabe de tudo um pouco e não sabe muito sobre nada.

Para aperfeiçoar seus talentos você terá de, deliberadamente, ignorar milhões de informações para se concentrar onde você é melhor, a ponto de se tornar referência em seu campo de atuação.

Portanto, sugiro que você se aprimore nas áreas em que é naturalmente talentoso. Não fique mudando de emprego, trocando de função, entrando e saindo de cursos universitários ou fazendo qualquer treinamento que apareça pela frente.

Boas técnicas ajudam a criar novas sinapses, mas não reconfiguram a rede neurológica inteira; portanto, tenha foco!

CAPÍTULO 10

COLOCANDO AS PESSOAS CERTAS NOS LUGARES CERTOS

Imagine que sua empresa é um avião. Se a empresa for pequena, seria o equivalente a um monomotor com três lugares; se for grande, um jato com 400 poltronas. Quem está no comando desse avião deveria ter as seguintes prioridades:

1. Embarcar as pessoas certas e desembarcar as erradas.
2. Colocar as pessoas certas nas poltronas certas.
3. Decidir junto com as pessoas certas a rota a ser seguida.

Enquanto 90% das poltronas não estiverem ocupadas pelas pessoas certas, o comandante não deve ter outra prioridade a não ser encontrar as tais pessoas.

Essa metáfora, criada pelo consultor Jim Collins, resume o fator mais importante nas empresas que têm obtido ótimos resultados de forma consistente por muitos anos.

Como afirmei anteriormente, a principal atividade dos gestores empresariais deveria ser a de dedicar, no mínimo, 30% de seu tempo recrutando, treinando, avaliando e promovendo as pessoas.

Jack Welch, ex-presidente da General Electric (GE) e considerado um dos maiores presidentes de empresa de todos os tempos – provavelmente o maior –, antes de tudo foi um grande gestor de pessoas. Ele tem uma frase extremamente simples para definir o sucesso nas empresas: "As coisas só acontecem quando se colocam as pessoas certas nos lugares certos. Nenhum sistema de gestão substitui o talento".

Certo! Mas como saber qual é a pessoa mais indicada para determinado cargo?

Talento e atitude

O que determina o sucesso dentro das empresas é o resultado da soma de talentos e atitudes de cada profissional, uma vez que as pessoas são contratadas pelo currículo e demitidas pelas atitudes.

O grande desafio das empresas é ajudar seus funcionários a descobrirem seus talentos e aprimorá-los por meio de treinamentos contínuos.

Muitas vezes o problema, entretanto, está nas atitudes. A pessoa tem talento para a função, um ótimo currículo, fala três idiomas, mas... é prepotente, ou tem dificuldade em cumprir horários, ou trabalha mal em grupo, ou é desagregadora ou tudo isso ao mesmo tempo.

Um líder pode perguntar: "E o que fazer se eu já a contratei e descobri que comprei gato por lebre?". Se as atitudes do profissional forem consistentemente ruins, não é um problema conjuntural – uma fase –, mas estrutural – contínuo. Assuma o erro, demita e comece a procurar de novo!

Em vez de olhar apenas o currículo, você, líder, deve colocar uma lupa no histórico do candidato a ser contratado ou promovido. Todo mundo, sem exceção, deixa um rastro durante a vida, e esse rastro do passado mostra uma clara tendência para o futuro, já que como a personalidade é relativamente estável, também é previsível.

Cheque o rastro

Fazendo as perguntas certas e checando as respostas, a chance de acertar uma contratação aumenta muito. Com oito perguntas básicas – você poderá incluir as sessenta perguntas anteriores – já será possível ter uma boa ideia sobre o rastro do candidato à vaga.

1. Resuma sua vida dos 7 aos 18 anos.
2. Resuma sua vida dos 18 anos até hoje.
3. Quantos empregos já teve? Por que saiu de cada um deles?
4. Descreva seu histórico escolar completo.
5. Que trabalhos voluntários você fez? Descreva-os.
6. Você já foi promovido? Explique por quê.
7. Descreva seus pontos fortes.
8. Descreva seus pontos fracos.

Se você prestar bastante atenção às respostas, certamente conhecerá melhor as forças e fraquezas dos candidatos com base no histórico de vida de cada um deles.

Quer uma dica infalível? Só contrate Ph.Ds.! Quer dizer, *poor, honest and desperated to get success*. É um trocadilho norte-americano sugerindo que você contrate não pessoas com doutorado (Philosophiae Doctor), mas gente **p**obre, **h**onesta e **d**esesperada para obter **s**ucesso. Parece brincadeira, mas, depois de tantos anos montando universidades corporativas, estruturando programas de trainees, coordenando processos de seleção e acompanhando o desempenho dessas pessoas por um longo período, posso afirmar que essa fórmula funciona, principalmente na contratação de jovens.

Deve haver gente pensando: "Duvido que presidentes ou donos de empresas gastem tanto tempo em entrevistas. Eles devem ser muito ocupados!". São raros, mas existem. Não estou afirmando que os dirigentes de companhias têm de substituir ou fazer o papel dos profissionais de Recursos Humanos, mas sim trabalhar em total sintonia com esse departamento, participando da seleção em todos os cargos estratégicos, das dinâmicas de grupo e até da análise do que deu errado em cada contratação.

Se você como líder investir seu tempo nessa análise, com certeza colocará com muito mais frequência as pessoas certas nos lugares certos.

Peru sobe em árvores?

Pode até subir, mas vai dar muito trabalho! Terá de ser treinado desde pequeno. A árvore não poderá ser muito alta e, principalmente, terá de ser adaptada com degraus suficientemente largos para o pobre peru descansar durante a penosa escalada.

E como o peru descerá da árvore? Prepare-se para outro trabalhão! Será necessário adaptar um escorregador e, principalmente, convencer o peru a ser suficientemente corajoso para enfrentar essa geringonça!

Posto de outra forma, se você precisa de um bicho para subir em árvores e descer delas, contrate um macaco, um esquilo ou até um gato. Peru, galinha, avestruz e cachorro, por exemplo, não serão as espécies mais indicadas. Elefante, girafa e principalmente anta, nem pensar!

A metáfora parece absurda, mas muitos chefes são teimosos ou mal informados, a ponto de, sendo perus adultos, tentarem escalar árvores ou coisa pior: exigir que outros perus façam o mesmo.

Se você gostou dessa história infame e ainda estiver com os bichos na cabeça, deve estar se perguntando: "Para subir em árvores, serve qualquer macaco?" A resposta é não! Depende da árvore e da espécie de macaco, que pode variar de mico a gorila.

Além de encontrar o macaco certo, seria recomendável treiná-lo a subir e descer da árvore da forma mais eficiente possível – técnicas. E atenção: será fundamental ter disciplina – atitudes –, pois o macaco não poderá subir e descer apenas quando lhe der vontade, mas quando for preciso.

Vamos entrar um pouco mais na "floresta corporativa" com três casos.

Caso 1

Há alguns anos, quatro sócios na faixa dos 60 anos de uma tradicional empresa familiar, com cerca de mil funcionários me procuraram para orientá-los a respeito da sucessão e profissionalização do grupo.

Os empresários queriam que eu avaliasse quem dos herdeiros poderia participar do processo de sucessão para, no futuro, assumir a direção da empresa. Essa segunda geração contava com cerca de trinta pessoas: filhos, cunhados, genros, noras, sobrinhos, primos e irmãos mais novos. A maioria não trabalhava na empresa naquele momento.

Concluímos que a escolha dos candidatos à sucessão se basearia em três pré-requisitos iniciais:

- **Estrutura de personalidade –** Perfil para liderança, capacidade de suportar pressão e disciplina.
- **Rastro –** O histórico pessoal e profissional, como escolaridade, empregos anteriores e principais realizações.
- **Disposição e ambição –** Para assumir o desafio de comandar um bom negócio, mas de difícil gestão.

Demoramos em torno de quatro dias para entrevistar todos e organizar as informações sobre cada um dos possíveis sucessores. Concluímos que um terço tinha o perfil procurado, mas não tinha o rastro ou não tinha disposição suficiente para assumir o desafio. Outro terço tinha a disposição, mas lhe faltava o rastro ou o perfil. O terço restante tinha o rastro, mas não tinha o perfil ou a disposição.

Os sócios logicamente ficaram bastante desapontados com a conclusão, afinal, ficou claro para eles que não havia ninguém na família com os pré-requisitos minimamente necessários. Agora, porém, tinham informações para replanejar o projeto de profissionalização do negócio e não perderiam anos insistindo em colocar o "bicho certo no lugar errado" ou o "bicho errado no lugar certo".

Entenderam, após esse trabalho, que seria mais prudente e eficiente para a sobrevivência da empresa que contratassem profissionais vindos de fora do grupo. Também compreenderam que seria importante proporcionar alternativas para os herdeiros se desenvolverem fora da empresa. Resultado: estruturei um programa de treinamentos e aconselhamento de carreira, para uma parte desse grupo de herdeiros por cerca de dois anos e, em paralelo, ajudei os sócios a contratarem alguns executivos de fora para começar o processo de profissionalização que continua até hoje com grande sucesso e resultados excelentes.

Caso 2

Certa vez, o presidente de uma empresa, com atuação na região Sul e cerca de 4 mil funcionários, apresentou-me o seguinte desafio: necessitava expandir a atuação da empresa para outras regiões do país. Para isso, precisaria de mais quarenta gerentes ou supervisores. Na ocasião, contava com um quadro com cerca de cem profissionais nos cargos de gerência e supervisão.

Diagnosticamos que a empresa esbarrava em quatro problemas para expandir-se, além da necessidade de contratação de pessoal:

- Cerca de 25 pessoas, entre gerentes e supervisores, se aposentariam em até cinco anos.
- Outros 25 gerentes não aceitariam transferência para outras regiões.
- O que a empresa oferecia como salário não permitiria contratar 65 gerentes "prontos", vindos de outras empresas.
- A função exigia experiência no ramo.

Diante desse contexto, concluímos que a saída seria preparar um programa de formação gerencial, encontrar e treinar novos gerentes e supervisores dentro do próprio quadro de funcionários da empresa. Partimos para a ação, definindo três pré-requisitos para a seleção:

- **Estrutura de personalidade** – Ter perfil para liderança, capacidade de formar relacionamentos em lugares novos e flexibilidade para lidar com clientes exigentes.
- **Rastro** – Ter pelo menos três anos de bom histórico profissional dentro da empresa e ensino superior completo ou em fase de conclusão.
- **Disponibilidade** – Estar disponível para participar de treinamentos de forma intensiva. O candidato deveria aceitar avaliações constantes, durante doze meses e, ainda, fazer quatro estágios de três meses de duração em diferentes áreas da empresa.

Aprovado o projeto, começamos a implementá-lo. Fizemos uma primeira turma com vinte funcionários, que trabalhavam nas mais diferentes funções. Havia gente da área administrativa, engenheiros, técnicos em informática, vendedores, balconistas e um motorista.

Ministrei um programa teórico sobre gestão de pessoas com cerca de cem horas de duração e, entre os módulos de treinamento, eles cumpriram estágios em diferentes departamentos da empresa. O resultado foi que no fim dos doze meses, dezesseis pessoas assumiram cargos de chefia.

Na sequência, fizemos mais três turmas, e, no fim de três anos e dentro de seu próprio quadro funcional, a empresa havia formado mais do que os 65 chefes de que precisava. Essa empresa faturou em 2011 cerca de 3 bilhões de reais e tem atualmente uma universidade corporativa que é referência no segmento em que atua.

Caso 3

Uma indústria de móveis planejados necessitava montar um programa de trainees para formar novos supervisores comerciais e também um programa de treinamentos para seus mais de mil pontos de distribuição exclusiva em todo Brasil.

Para atender a essa demanda, encontrou-se uma solução um pouco diferente. No início, foi planejada uma universidade corporativa a "quatro mãos" com o presidente da empresa. Nesse caso, a condução foi especialmente peculiar. Começamos a universidade selecionando primeiro o "reitor": alguém que seria preparado para gerir o dia a dia dos projetos.

Quais foram os três pré-requisitos?

- **Estrutura de personalidade –** Ter perfil para comandar, talento para ensinar e alta resiliência.
- **Rastro –** Contar com pelo menos cinco anos de bom histórico profissional e pessoal, independentemente da área em que tenha atuado.
- **Disposição –** Estar motivado para ser treinado de forma intensiva, além de demonstrar capacidade de desenvolver parte do programa da universidade corporativa que estava nascendo.

Após demorada seleção, conseguimos encontrar um candidato com todos os pré-requisitos. Ele passou seis meses me acompanhando em vários treinamentos e consultorias – inclusive em outras empresas –, além de conhecer as necessidades da companhia e da universidade corporativa.

Ministrei vários cursos de desenvolvimento gerencial, negociação e vendas para donos das franquias e seus gerentes – sempre acompanhado pelo "reitor".

Em seguida, o programa de formação de trainees começou com a contratação da primeira turma. Cinco anos após seu início, o programa de trainees já está em sua 19ª turma. Mais de 70% dos supervisores e gerentes atuais foram formados na universidade corporativa. Os principais distribuidores já participaram dos treinamentos e novas turmas estão agendadas. Nesses cinco anos a empresa triplicou seu faturamento e quintuplicou o lucro. Continuo prestando consultoria para essa companhia e sua universidade está em pleno andamento, sendo considerada *benchmarking* no setor.

Os nomes dessas empresas, os detalhes dos projetos e a repercussão que esses casos tiveram na mídia podem ser acessados em meu site: www.eduardoferraz.com.br.

Minhas consultorias, meus treinamentos e minhas palestras seguem a mesma linha de raciocínio defendida neste livro: analisar quem é tatu, peixe, águia ou macaco dentro das empresas e ajudá-los a viver bem em seus devidos "hábitats". Nenhum bicho é necessariamente melhor do que outro, mas, com certeza, alguns deles se adaptam a determinadas funções que outros não conseguiriam.

Faça treinamentos

Agora que a pessoa certa está no lugar certo, o sucesso da minha empresa ou da minha carreira estará garantido? Não! Agora as pessoas certas precisam ser intensamente treinadas.

Sem treinamentos adequados, as pessoas atuam sem método. Cada um faz de seu jeito e os resultados acabam sendo pouco consistentes. Atletas de sucesso, por exemplo, além do enorme talento, treinam muito. Mesmo um músico excelente precisará de muitas horas de prática para interpretar uma nova partitura de forma impecável. Profissionais de alto nível nos esportes e nas artes em geral gastam 98% de seu tempo treinando ou estudando e no máximo 2% do tempo se apresentando em público.

Muitas empresas e pessoas fazem o contrário. Investem 2% do tempo em treinamentos e 98% na execução das tarefas. É claro que com essa proporção haverá dificuldades para se alcançar resultados consistentemente excelentes. Não há milagres.

Já imaginou o que aconteceria se um ator de teatro resolvesse diminuir pela metade seu tempo de preparação e ensaio? E se um atleta interrompesse seus treinos um mês antes de uma competição importante?

Nas empresas, quando os resultados pioram de forma contínua, costumam ocorrer três providências:

1. achar algum "culpado";
2. demitir algumas pessoas para causar impacto;
3. concluir que faltam incentivos e tascar sessões "motivacionais" na equipe!

É como enxugar gelo. O efeito dura pouco porque não se treinou ninguém para valer.

Poucos têm a coragem de admitir que muitos funcionários – inclusive alguns chefes – não dominam suficientemente as operações ou não sabem executar tecnicamente as tarefas mais importantes. É mais fácil culpar a falta de motivação. Estudam-se, então, planos de carreira, festas de integração, programas de qualidade de vida, aumentos de salários e... nada de resultado consistente. Essas práticas são louváveis desde que acompanhadas de treinamentos intensivos e constantes.

Avalie os resultados

Se eu treinar bastante minha equipe, ganho o jogo? Ainda não. É preciso avaliar a qualidade e os resultados gerados pelos treinamentos. Avalie o conhecimento teórico por meio de provas, avalie o que está funcionando na prática. Avalie também os instrutores, comparando o que foi prometido com o que está sendo efetivamente entregue.

Invista tempo e dinheiro no que realmente gere resultados consistentes e mensuráveis. Quando fizer um curso de vendas para sua equipe comercial, por exemplo, avalie os resultados numéricos antes e depois do treinamento. Funcionou? Então continue investindo nessa metodologia, mas só contrate o Módulo ll se o Módulo l estiver totalmente compreendido e assimilado pela equipe.

A excelência é resultado de esforço ou de talento?

Escolhida a pessoa certa para o lugar certo, dando treinamentos de qualidade e medindo seus resultados, do que dependerá mais o sucesso dessa pessoa: de esforço ou de talento?

Dependerá dos dois! Descobrir seu principal talento e trabalhar duro para aprimorá-lo será um roteiro seguro!

Todo bom profissional sonha em ser reconhecido por seu trabalho, espera ser promovido, ganhar mais, ser muito requisitado, ficar famoso, ajudar os outros ou tudo isso ao mesmo tempo. Em geral, quem trabalha naquilo que gosta tem muito mais chances de alcançar esses objetivos.

Mas será que existe um jeito rápido e fácil de alcançar a excelência?

Não há atalhos, mas um caminho longo a ser percorrido. Há centenas de estudos sobre como grandes profissionais de diferentes segmentos atuaram para atingir e manter a excelência por muitos anos.

O principal fator é a "prática deliberada" de seus talentos. Talento é uma aptidão para obter um desempenho melhor que o da maioria das pessoas. Prática deliberada é aquilo que se faz, especificamente, para melhorar o desempenho, ou seja, o estudo, o treinamento e a repetição contínua, tendo como meta o desempenho impecável.

Como já disse, pesco todos os anos há mais de vinte anos. Até 1996, fazia as tradicionais pescas de espera no Pantanal. Colocava duas varas com iscas vivas na água e aguardava passivamente um peixe beliscar para dar a fisgada. Estava achando esse tipo de pescaria muito monótona e, em 1997, revolvi inovar: pescar tucunarés com iscas artificiais em acampamentos flutuantes na Floresta Amazônica. Esse era um programa voltado principalmente a norte-americanos que estavam mais acostumados a essa modalidade. Tive um gringo como parceiro de pescaria no mesmo barco e tomei uma "surra". Por dia, o norte-americano pescava em média cinquenta peixes e eu, cinco. Todas as condições eram as mesmas, menos a habilidade dos pescadores. Para pescar tucunarés, a precisão e a maneira de trabalhar a isca fazem grande diferença. Em um arremesso de 30 metros, é fundamental acertar a isca a poucos centímetros da margem. Eu adorei a pescaria, mas meu desempenho foi horrível. O parceiro me dava todas as dicas e até emprestava seus equipamentos, mas faltava o essencial: prática deliberada.

Voltando à civilização, fiz todos os cursos de arremesso disponíveis, comprei revistas, fitas de vídeo, e treinava arremessos em um lago perto de minha casa. Aprendi a usar diferentes equipamentos, estudei os hábitos do tucunaré, testei centenas de iscas diferentes, descobri os melhores locais e guias de pesca do Brasil, enfim, me especializei nesse hobby.

Em 2007, após muitas pescarias e milhares de arremessos realizados já estava me tornando especialista nessa modalidade, quando tive uma séria lesão no ombro direito que me impediria de pescar por meses. Não tive dúvidas: comecei a treinar arremessos com o braço esquerdo e, depois de dois anos, tornei-me ambidestro. Atualmente pesco com praticamente a mesma habilidade com ambas as mãos. Minha produtividade aumentou muito. Compito comigo mesmo e em cada pescaria estou mais preciso. Divirto-me muito, mas aplico a prática deliberada o tempo todo.

Isso vale para qualquer atividade na qual se queira atingir alto desempenho, desde hobbies até trabalhos voluntários. O especialista supertreinado e com paixão pela atividade sempre produz mais para si e para quem o cerca.

Segundo Geoff Colvin, para funcionar de verdade a prática deliberada precisa seguir cinco fundamentos básicos:

1. **Deve ser planejada especificamente, para melhorar o desempenho –** Deve-se pesquisar as melhores técnicas que já foram amplamente testadas e aprovadas.
2. **Deve ser muito repetida –** O treinamento e a repetição consistente das melhores técnicas é o que leva à excelência.

3. **Deve ser reavaliada continuamente** – Deve-se avaliar os resultados obtidos. Se estiverem abaixo do esperado, volta-se ao item 1 – procurar outra técnica – ou ao item 2 – treinar mais.
4. **Exige esforço intelectual** – A prática deliberada demanda esforço mental. Você deverá analisar constantemente novos métodos de melhoria.
5. **Exige muita dedicação** – Sinto muito, mas atingir a excelência não costuma ser uma atividade divertida. Trabalhar, estudar e se preparar 50% a mais do que a média das pessoas, mesmo para quem tem talento, exige muita disciplina.

É possível concluir que:

Muita prática deliberada = melhor desempenho
Toneladas de prática deliberada = excelência

Malcolm Gladwell, analisando dezenas de estudos – entre os quais os do ganhador do Prêmio Nobel de Economia de 1978, Herbert Simon, que pesquisou a simulação computacional da cognição –, afirma que, nos mais diversos campos de atuação (matemática, música, esportes, literatura, ciência, medicina, engenharia, administração etc.), "são necessárias cerca de 10 mil horas de prática para se ter a destreza de um expert, de nível internacional". Isso significa algo em torno de dez anos.

O problema é que não funciona aplicar-se à prática deliberada em qualquer tarefa. Não adianta treinar horas em uma atividade de que a pessoa não gosta ou para a qual não tem aptidão. Esforço sem talento ou talento sem esforço não geram resultados consistentes.

Não se conhecem casos documentados, nem do mais talentoso ou genial em seu campo de ação, de alguma pessoa que tenha obtido a excelência com menos de 10 mil horas de prática. O compositor Wolfgang Amadeus Mozart tornou-se o Mozart que conhecemos porque trabalhou incansavelmente: ele somente criou sua primeira obra-prima (k271) aos 21 anos, quando já tinha mais de 15 mil horas de prática musical. Antes de alcançar a fama em 1964, os Beatles fizeram mais de 1.200 apresentações ao vivo.

Antes de vender seu primeiro produto, Bill Gates gastou cerca de 1.500 horas por ano, ao longo de oito anos, fazendo programação básica.

No início dos anos 1990, o Ph.D. em Psicologia K. Anders Ericsson coordenou o famoso estudo *Exhibit A*, na Academia de Música de Berlim, onde, exaustivamente, analisou estudantes de violino na faixa dos 20 anos. Com a ajuda dos professores, Ericsson dividiu esses violinistas em três grupos.

No grupo A, ficaram as estrelas, aqueles que tinham potencial para atingir a excelência e se tornarem solistas em nível internacional.

No grupo B, foram reunidos os considerados apenas bons músicos.

No grupo C, ficaram os estudantes que, pela análise dos professores, dificilmente chegariam a tocar como profissionais.

Após a divisão dos grupos (os alunos não sabiam dos critérios), os estudantes responderam à seguinte pergunta: "Ao longo de seus estudos, quantas horas você se dedicou à prática do violino?". A partir da resposta a essa pergunta e da análise de vários testes práticos, Ericsson e seus assistentes no *Exhibit A* chegaram à seguinte conclusão:

- Os alunos do grupo A (os melhores) totalizavam – adivinhe – cerca de 10 mil horas de treinamento acumulado.
- Os alunos do grupo B (os bons), 8 mil horas.
- Os alunos do grupo C (os razoáveis), cerca de 4 mil horas.

Todos os violinistas pesquisados haviam começado a estudar música aos 5 anos, idade considerada ideal para o início da prática desse instrumento. Entre os 5 e os 8 anos, todos estudavam cerca de duas a três horas por semana. Após os 8 anos, as diferenças começaram a aparecer.

Os alunos considerados os melhores (os do grupo A) se dedicavam com relação aos demais:

- Aos 9 anos, seis horas a mais por semana.
- Aos 12 anos, oito horas a mais por semana.

- Aos 14 anos, dezesseis horas a mais por semana.
- Aos 20 anos, estavam executando cerca de trinta horas semanais a mais de prática deliberada que os alunos dos demais grupos.

A conclusão foi que os excelentes treinavam, em média, três a cinco vezes mais do que os bons!

Depois, esse mesmo estudo foi aplicado em grupos de pianistas amadores e profissionais. Ericsson encontrou um padrão idêntico. Aos 20 anos, os amadores totalizavam 2 mil horas de prática, enquanto os profissionais na mesma idade chegavam a 10 mil horas.

O fato surpreendente é que Ericsson e seus colegas não encontraram nenhum "gênio", ou seja, um músico capaz de chegar ao topo da carreira praticando menos que os outros. O fato é que, para entrar em escolas de música desse nível, o estudante precisava ter muito talento; e todos eles o tinham. O que os estudos de Ericsson provam é que, para níveis de talento semelhantes, a quantidade de horas de prática deliberada faz grande diferença!

Para ingressar, por exemplo, na Faculdade de Medicina da Universidade de São Paulo (FM-USP), o nível intelectual do estudante tem de ser alto; e todos que passam no vestibular (ou em outros vestibulares tão concorridos quanto) o têm.

Daí para frente, a excelência ou a mediocridade na carreira médica serão reflexo da maior ou menor quantidade de prática deliberada nos anos seguintes.

Médicos, engenheiros, consultores, escritores, psicólogos, contadores, guias turísticos, vendedores ou quaisquer outros profissionais talentosos com mais horas de prática deliberada serão sempre os melhores. Não basta só talento. Sem esforço e dedicação, a carreira não evolui. Uma pessoa com grande talento, sem o esforço do treinamento e da repetição, não atinge a excelência!

"Somos aquilo que fazemos repetidamente. A excelência não é um ato, mas um hábito", já dizia o filósofo grego Aristóteles há mais de 2.300 anos.

PALAVRAS FINAIS:
O SUCESSO TEM ATALHOS?

Em minhas consultorias, com frequência ouço a seguinte pergunta: "Existem atalhos para o sucesso?". Minha resposta sincera tem sido a seguinte: "Se há, não os conheço". O único caminho seguro para o sucesso é trabalhar para conquistar autoridade moral.

Em qualquer idade, um profissional sem autoridade é refém de muitas circunstâncias: crises, chefes incompetentes, falta de perspectiva, medo do futuro. O problema é que autoridade não se compra, conquista-se!

A autoridade moral é composta por cinco atributos que se somam e se complementam. Quanto mais intensos, maior será sua autoridade. São eles:

- **Conhecimento** – Adquira os melhores conhecimentos técnicos relacionados a sua profissão.
- **Prática deliberada** – Aperfeiçoe deliberadamente seus pontos fortes.
- **Profissionalismo** – Cumpra tudo o que prometer e de preferência entregue um pouco além.
- **Reputação** – Conquiste o respeito por suas realizações, não por suas promessas.

- **Autoconhecimento** – A pessoa que se conhece bem tem o discernimento de escolher as melhores opções.

Para encerrar, uma última história:

Há mais de mil anos, um general chinês chamado Nobu já tinha conseguido alcançar praticamente tudo em sua carreira como comandante supremo do Exército imperial.

Tinha muita fama, poder e dinheiro, mas sentia que era muito mais temido do que respeitado.

O imperador, que tinha grande autoridade moral, percebendo isso, dispensou seu grande general e o aconselhou a aprimorar seu autoconhecimento.

Por anos, Nobu procurou por mestres que lhe ensinassem como se conhecer melhor, mas continuava insatisfeito com os conselhos recebidos. O imperador, então, disse-lhe para procurar um sábio chamado Rakuin, que vivia em uma província muito distante, no alto de uma montanha de dificílimo acesso.

Finalmente, depois de viajar por muitos meses, cansado e impaciente Nobu chegou até o sábio e, para testar sua sabedoria, perguntou:

"Se existe um paraíso e um inferno, onde estão?"

"Quem é você?", perguntou Rakuin.

"Eu sou um grande general!", respondeu Nobu orgulhosamente.

"Um general? Sua aparência é a de um mendigo", disse Rakuin.

Nobu ficou tão furioso que começou a desembainhar sua espada. Mas Rakuin continuou:

"Sua espada deve estar tão cega que não cortará minha cabeça..."

O general avançou com a espada pronto para matar, gritando de ódio.

Nesse momento o sábio gritou:

"Acabaram de se abrir os portais do inferno!"

Ao perceber a profundidade do ensinamento, Nobu soltou sua espada e fez uma profunda reverência ao mestre.

"Acabaram de se abrir os portais do paraíso", disse suavemente Rakuin...

"O autoconhecimento lhe trará o autocontrole que entregará as chaves do paraíso na Terra", concluiu o sábio.

Espero sinceramente que este livro tenha contribuído para explicar por que *Vencer é ser você* e que o autoconhecimento lhe proporcione uma vida mais plena.

Por ser coerente, faço o que defendo! Sinto-me, portanto, com autoridade para defender o conteúdo deste livro, que resume a base do que tenho usado em minha vida pessoal e em minha carreira. Se você fizer uso deliberado dessa base, terá valido a pena tê-lo escrito.

O plantio é opcional; a colheita, obrigatória.

Desejo-lhe um ótimo plantio!

REFERÊNCIAS BIBLIOGRÁFICAS

Livros

ARIELY, Dan. *Previsivelmente irracional: como as situações do dia a dia influenciam as nossas decisões*. Rio de Janeiro: Campus, 2008.

BOCK, Ana Mercês Bahia; FURTADO, Odair; TEIXEIRA, Maria de Lourdes Trassi. *Psicologias: uma introdução ao estudo da psicologia*. São Paulo: Saraiva, 1999.

BUCKINGHAM, Marcus; CLIFTON, Donald. *Descubra seus pontos fortes: um programa revolucionário que mostra como desenvolver seus talentos especiais e os das pessoas que você lidera*. Rio de Janeiro: Sextante, 2008. p. 33-87.

COLLINS, Jim. *Como as gigantes caem*. Rio de Janeiro: Campus, 2010.

COLVIN, Geoff. *Desafiando o talento. mitos e verdades sobre o sucesso*. São Paulo: Globo, 2009. p. 29-109.

DIAMOND, Jared. *Armas, germes e aço: os destinos das sociedades humanas*. Rio de Janeiro: Record, 2009. p. 14-66.

DRUCKER, Peter. *Desafios gerenciais para o século XXl*. São Paulo: Thomson, 1999.

FALCONI, Vicente. *O verdadeiro poder: práticas de gestão que conduzem a resultados revolucionários*. Nova Lima: INDG, 2009.

FERNÁNDEZ-ARÁOZ, Claudio. *Grandes decisões sobre pessoas: por que são tão importantes, por que são tão difíceis e como você pode dominá-las a fundo*. São Paulo: DVS Editora, 2009.

FERNÁNDEZ-ARMESTO, Felipe. *Os desbravadores: uma história mundial da exploração da Terra*. São Paulo: Companhia das Letras, 2009.

FREUD, Sigmund. *Chaves: resumo das obras completas*. São Paulo: Atheneu, 1998.

FRITZEN, Silvino José. *Janela de Johari: exercícios vivenciais de dinâmica de grupo, relações humanas e de sensibilidade*. Petrópolis: Vozes, 1996.

GARDNER, Howard. *Inteligências múltiplas: a teoria na prática*. Porto Alegre: Artmed, 1995. p. 12-48.

GARDNER, Howard. *Estruturas da mente*. Porto Alegre: Artmed, 1994.

________. *Mentes que mudam: a arte e a ciência de mudar as nossas ideias e as dos outros*. Porto Alegre: Artmed/Bookman, 2005. p. 27-32.

GLADWELL, Malcolm. *Blink: a decisão num piscar de olhos*. Rio de Janeiro: Rocco, 2005. p. 31-33.

________. *Fora de série: descubra por que algumas pessoas têm sucesso e outras não*. Rio de Janeiro: Sextante, 2008. p. 39-87.

GOLEMAN, Daniel. *Inteligência emocional: a teoria revolucionária que redefine o que é ser inteligente*. Rio de Janeiro: Objetiva, 1995. p. 45-90.

GREENBERG, Herb; SWEENEY, Patrick. *O sucesso tem fórmula? Você pode superar os seus limites e vencer do seu próprio jeito!* Rio de Janeiro: Campus, 2007. p. 191.

KAHNEMANN, Daniel; SLOVIC, Paul; TVERSKY, Amos. *Judgement under uncertainty heuristics and biases*. USA: Cambridge ISE, 2000.

LANGANEY, André *et alli*. *A mais bela história do homem: como a Terra se tornou humana*. Rio de Janeiro: Difel, 2002. p. 17-93.

LENT, Roberto. *Cem bilhões de neurônios: conceitos fundamentais de neurociência*. São Paulo: Atheneu, 2004.

LEVITT, Steven; DUBNER, Stephen. *Freakonomics: o lado oculto e inesperado de tudo que nos afeta*. Rio de Janeiro: Campus, 2005.

LINDSTROM, Martin. *A lógica do consumo: verdades e mentiras sobre por que compramos*. Rio de Janeiro: Nova Fronteira, 2009. p. 16-40.

MANDELLI, Pedro. *Muito além da hierarquia: revolucione sua performance como gestor de pessoas*. São Paulo: Gente, 2001.

RIDLEY, Matt. *O que nos faz humanos: genes, natureza, experiência*. Rio de Janeiro: Record, 2008. p. 245-349.

SCHULTZ, Duane P.; SCHULTZ, Sydney Ellen. *Teorias da personalidade*. São Paulo: Thomson, 2002.

SHORE, Rima. *Repensando o cérebro*. Porto Alegre: Mercado Aberto, 2000. p. 35-69.

SILVA, Ana Beatriz Barbosa. *Mentes perigosas: o psicopata mora ao lado*. Rio de Janeiro: Objetiva, 2008.

TAYLOR, Jill Bolte. *A cientista que curou seu próprio cérebro*. São Paulo: Ediouro, 2008. p. 196-197.

TALEB, Nassim Nicholas. *A lógica do Cisne Negro: o impacto do altamente improvável. Gerenciando o desconhecido*. Rio de Janeiro: Best Seller, 2008.

TIBA, Içami. *Disciplina: limite na medida certa. Novos paradigmas*. São Paulo: Integrare, 2006.

TORT, Patrick. *Darwin e a ciência da evolução*. Rio de Janeiro: Objetiva, 2004.

WAAL, Frans de. *Eu, primata: por que somos como somos*. São Paulo: Companhia das Letras, 2007. p. 11-49.

WELCH, Jack; BYRNE, John. *Jack definitivo: segredos do executivo do século*. Rio de Janeiro: Campus, 2001. p. 171-240.

WINNICOTT, Donald. *Tudo começa em casa*. São Paulo: Martins Fontes, 1999.

WINSTON, Robert. *Instinto humano: como os nossos impulsos primitivos moldaram o que somos hoje*. São Paulo: Globo, 2006. p. 13-52.

Periódicos

INSTITUTO PAULO MONTENEGRO (IPM)/Instituto Brasileiro de Opinião Pública e Estatística (Ibope). Boas notícias e um forte alerta são as principais revelações de Inaf 2009. São Paulo, [s.d.]. Disponível em: <http://www.ipm.org.br/ipmb_pagina.php?mpg=4.03.00.00.00&ver=por>. Acesso em: 21 jan. 2012.

BUCHALLA, Anna Paula. O cérebro devassado [especial]. *Veja*, São Paulo: Abril, n. 1865, p. 4 ago. 2004. Disponível em: <http://veja.abril.com.br/040804/p_124.html>. Acesso em: 21 jan. 2012.

CARELLI, Gabriela. Anatomia da personalidade [comportamento]. *Veja*, São Paulo: Abril, n. 1973, 13 set. 2006. (Com reportagem de Érica Chaves). Disponível em: <http://veja.abril.com.br/130906/p_070.html>. Acesso em: 21 jan. 2012.

DIMENSTEIN, Gilberto. Ignorância tem sexo. *Folha de S.Paulo*, São Paulo, 13 ago. 2000. Cotidiano. Disponível em: <http://www1.folha.uol.com.br/fsp/cotidian/ff1308200020.htm>. Acesso em: 21 jan. 2012.

ERICSSON, K. Anders; KRAMPE, Ralf Th.; TESCH-ROMER, Clemens. The role of deliberate practice in the acquisition of expert performance. *Psychological Review*, Washington, DC: The American Psychological Association, Inc., v. 100, n. 3, p. 363-406, jul. 1993. Disponível em: <http://psycnet.apa.org/index.cfm?fa=buy.optionToBuy&id= 1993-40718-001>. Acesso em: 21 jan. 2012.

KANITZ, Stephen. Estamos emburrecendo. *Veja*, São Paulo: Abril, n. 1814, 6 ago. 2003. Disponível em: <www.kanitz.com/veja/inteligencia.asp>. Acesso em: 21 jan. 2012.

SALVO, Vera Lúcia de *et alli*. Perfil metabólico e antropométrico dos Suyá: Parque Indígena do Xingu, Brasil Central. *Revista Brasileira de Epidemiologia*, São Paulo: Associação Brasileira de Pós-Graduação em Saúde Coletiva, v. 12, n. 3, p. 458-468, set. 2009. Disponível em: <http://www.scielo.br/scielo.php?pid=S1415-790X2009000300014& script=sci_arttext>. Acesso em: 21 jan. 2012.

WEIBERG, Monica. Incentivos sob medida [Entrevista: Eric Maskin]. *Veja*, São Paulo: Abril, n. 2053, 26 mar. 2008. Disponível em: <http://veja.abril.com.br/260308/entrevista.shtml>. Acesso em: 21 jan. 2012.

________. O bom de educar desde cedo [Entrevista: James Heckman]. *Veja*, São Paulo: Abril, n. 2116, 10 jun. 2009. Disponível em: <http://veja.abril.com.br/100609/entrevista.shtml>. Acesso em: 21 jan. 2012.

O AUTOR PELO AUTOR

Meu negócio é trabalhar com a zona de desconforto!

Isso mesmo. Sou pago para mexer na zona de conforto das pessoas e das empresas. A maioria dos consultores, psicólogos, pedagogos, filósofos e conselheiros sugere pequenas mudanças de forma sutil, delicada ou jeitosa. Eu não! Posiciono-me de forma direta e assertiva. Minha abordagem é bem-humorada, mas "na veia"! Até já pensei em ser diferente, mas, como você leu nesta obra, mudar coisas estruturais é complicado.

Quando percebi que esse era o meu maior talento, resolvi me especializar para transformá-lo em uma profissão e ser remunerado para afirmar coisas que poucas pessoas têm coragem de dizer. Há alguns anos um cliente me contou a seguinte parábola:

> Um velhinho e seu discípulo viajavam a pé em um país muito pobre. Em uma noite fria e chuvosa, um casal com dez filhos os abrigou em seu casebre e dividiu a pouca comida de que dispunha. A família era muito pobre e seu único bem era uma vaquinha, que gerava sustento para todos.

Ao amanhecer, o mestre levou a vaca embora e a entregou a outra família que já tinha dezenas de outros animais.

O discípulo indignado reagiu: "Como o senhor pode ser tão cruel? Por que tirar a única fonte de sobrevivência dessa família?". O velhinho respondeu: "Em alguns anos você compreenderá!".

O discípulo abandonou o mestre e, alguns anos mais tarde, resolveu visitar a pobre família. Ao chegar não reconheceu a propriedade. Havia plantações, porcos, galinhas, vacas e uma bela casa no lugar do casebre. O discípulo, atordoado, perguntou onde estavam os antigos proprietários, e um rapaz respondeu: "Somos nós mesmos. Há alguns anos nossa vaca desapareceu! Tivemos de arrumar novos empregos; depois começamos a criar animais e praticar agricultura. Compramos carroças para vender a produção excedente. Em alguns anos, adquirimos as propriedades de nossos vizinhos, que tinham cada um sua vaquinha; eles agora são nossos funcionários e também vivem muito bem".

O ex-discípulo finalmente entendeu a lição: às vezes, as pessoas precisam de um "estímulo" externo para sair do lugar e prosperar. Esse cliente dizia que eu tinha o "dom" de acabar com o sossego das vaquinhas e de seus donos.

De agrônomo a consultor

Cursei Engenharia Agronômica na Universidade Federal do Paraná (UFPR). Durante os dez semestres da faculdade fiz vários estágios e dei aulas para crianças na rede pública. Após me formar, trabalhei na Ciba Geigy, uma multinacional suíça onde permaneci cinco anos. Fui promovido a gerente de produtos, mas o que eu mais gostava era ministrar treinamentos na área comportamental. Em seguida, tornei-me sócio de uma empresa chamada Agroalpha, onde passei dois anos prestando serviços para empresas multinacionais no segmento do agronegócio. A partir dos 28 anos iniciei uma carreira solo.

A entrada na área de treinamentos e consultorias foi gradativa, mas constante. Eu morava em Passo Fundo, Rio Grande do Sul, e, ainda como engenheiro agrônomo, comecei a ser convidado para dar treinamentos e palestras em gestão de pessoas, negociação e vendas em pequenas empresas – depois em representantes, franquias ou filiais de empresas como Aventis, Basf, Bayer, Fiat, Cyanamid, C. Vale, Dell Anno, Nestlé/Yopa, Rhodia, Sadia, Volkswagen, entre outras.

Essas empresas acabavam me indicando para outras regionais e, quando percebi, estava trabalhando no Brasil inteiro, e em 70% dos casos fora do agronegócio.

Meu diferencial sempre foi entender, ajustar, orientar e melhorar a gestão das pessoas. Metade do tempo eu treinava as equipes, na outra metade eu prestava consultoria para transformar a teoria que eu ensino em resultados práticos. Uma coisa levava à outra, o boca a boca abria as portas, e minha carteira de clientes foi crescendo até chegar a trabalhar com a matriz de muitas dessas empresas.

Em 1995, mudei-me para Curitiba a fim de facilitar meus deslocamentos pelo Brasil. Para aprofundar-me na área de gestão de pessoas fiz, em 1998, uma pós-graduação em Direção de Empresas pela Pontifícia Universidade Católica do Paraná (PUC-PR) e, para trabalhar melhor com grupos, fiz uma especialização em Dinâmica de Grupos pela Sociedade Brasileira de Dinâmica de Grupos (SBDG).

Ao mesmo tempo – desde meados da década de 1990 –, apaixonei-me pela Neurociência e pela Psicologia, tornando-me leitor compulsivo de informações relacionadas a essas áreas. Desde então, em 100% das consultorias, dos treinamentos e das palestras, uso os conceitos relacionados a essas áreas.

O estilo

Funciono melhor em empresas que procuram quem – como é o meu caso – se disponha a colocar o "dedo na ferida" e apontar de forma construtiva onde existem problemas e como os corrigir de forma rápida e objetiva.

Nos últimos vinte anos coordenei a formação de universidades corporativas; executei programas para transformar jovens talentos em líderes; montei programas para formação de sucessores em empresas familiares.

Foram em média duzentos dias por ano contratando, reorganizando, avaliando os perfis, treinando, fazendo avaliações de desempenho e ajudando a gerar maiores resultados. Enfim, colocando as pessoas certas nos lugares certos. Trabalhei todo esse tempo *in company*, ou seja, fazendo programas fechados para não mais que três ou quatro empresas por ano. Somando isso tudo, tenho cerca de 30.000 horas acumuladas de "prática deliberada".

Por que escrevi este livro?

Há anos pensava em escrever um livro, mas não tinha pressa em fazê-lo, pois atendia a um público restrito. Em 2008, resolvi expandir meu trabalho e comecei a fazer palestras e programas abertos ao público. Muitas pessoas diziam: "Gostei dos assuntos que você aborda, onde compro um livro seu?". Eu respondia com um sorriso meio amarelo que não tinha nenhum livro. Decidi, então, entrar em uma nova zona de desconforto e assumir o desafio de resumir e pôr no papel a base teórica e prática que uso para realizar meu trabalho.

Não adianta apenas mandar a vaca embora. É preciso mostrar meios de como viver sem ela. Espero que você tire proveito desta obra e que ela o ajude a sair da sua zona de conforto!

Para ler o código abaixo, é muito fácil. Baixe em seu celular, smartphone ou tablet um aplicativo para leitura de QR code. Abra o aplicativo, aponte a câmera de seu aparelho para a imagem abaixo e acesse as informações sobre o assunto desta obra que eu disponibilizei para você, e que seriam impossíveis em um livro de papel como este.

Este livro foi impresso pela gráfica
Vida & Consciência em papel pólen bold 90 g.